向かい風に

進む力を借りなさい

武田鉄矢

ビジネス社

はじめに

昔のことです。私はまだたっぷりと人生の時間を持っておりました。その分、浅薄《せんぱく》で少し乱暴に生きても咎《とが》められることもなく、それが自分らしいと自惚《うぬぼ》れていた頃のことです。人生の刻限は日盛りの眩《まぶ》しさで、私は元気がよく、正しくて、ここまで生きて来た知恵でここから先も生きてゆけるという算段で未来を睨《にら》んでおりました。

私は「四十代後半の私」を生きておりまして、このまま次の五十代もこのトラック一周したラップタイムをキープすれば入賞は外さないと計算したがる男でした。

そんな私がある日、一本の映画を見て考え込んでいました。１９９６年日本公開のイタリア映画、『イル・ポスティーノ』。その映画の描き出す物語から何を汲み出してよいのか判らずに、腕組みして暫《しば》しエンドロールを睨んだまま動けずにいました。これは忙しくて映画館へは出向けず、数ヶ月経ってレンタルビデオで鑑賞した作品。

前評判は高く、当時話題になったのが、主役のマリオを演じた俳優が重篤な病《やま》いのまま撮影に耐えて、演じ切り、演じ終えて12時間後に41歳の若さで夭逝《ようせい》したという裏話です。壮絶なエピソードを秘めた作品ですが、一人の俳優が命を懸けた作品というのに、これがなんとものどかな、静かな映画なのです。

物語はこうです。

イタリア、ナポリ湾に浮かぶ小さなカプリ島。そこに1950年代政治的な迫害から祖国チリを追われた、世界的な詩人パブロ・ネルーダが身を寄せました。陽光眩しき地中海の片隅に浮かぶ小島の漁村のこと。まともな郵便局さえありません。そこで、世界から舞い込む詩人パブロ・ネルーダへのファンレターを彼の自宅まで運ぶ郵便屋さんに朴訥《ぼくとつ》な島の青年・マリオが名乗りをあげて……というお話です。

詩人というからどんなに気難しい先生かと思いきや、マリオが手紙を届ける度に声をかけてくれる柔和な老人です。

自転車で手紙を届けると、親しく労《ねぎら》ってくれるパブロに、ある日マリオはとんでもない願いを申し出ます。

「パブロ先生の詩を聞かせて下さい」と。マリオの依頼に詩人パブロは笑顔で応じ、美しい海を背に朗々と自作の詩を朗読するのです。ところがマリオはそもそも詩などに触れたこともない。熱く歌い上げるパブロ先生の詩がさっぱり判りません。隠喩《いんゆ》に隠喩を重ねた、修辞を尽くした大詩人の詩です。生半可な知識で解ける詩ではありません。聞き終わって、パブロ先生に、すまなそうに尋ねます。「先生、この詩はどういう意味なんだ?」

詩人はマリオを責めません。責めずに励ますのです。

「詩は説明したら陳腐になる。どんな説明よりも、詩が示す情感を体験することだ。詩を感じようとすればできる」

その言葉を私は「わかるまで、わかってはいけない」とそう理解しました。

なぜパブロ先生は詩を説明しなかったのでしょう。説明してくれるのが、世の中の先生の仕事と思っておりましたので、それが私を唖然とさせました。

「わかるまで、わかってはいけない」とは決して言葉を言葉で解いて、意味が判ったことを判ったことにしてはいけないということです。

さすが詩人ですねえ。中学校の国語教師、金八先生とは違います。

マリオはパブロ先生の言葉を信じて、分かるまでじっと待ちます。そんなマリオにある日恋が訪れます。

島の酒場で働くベアトリーチェ、黒髪と黒い瞳の本当に美しい娘です。口もきけないマリオですが、パブロ先生に授業をお願いして、ベアトリーチェのために捧げる詩を作り始めるのです。

すると難解だったパブロ先生の詩までマリオは理解出来るようになってゆくのです。やがてふたりは師弟の縁に結ばれます。

物語はここから大きく波打ち、パブロ先生は政変の終わった祖国へ帰国。ふたりはそれぞれ別の国で生きることになります。そして時が流れ、久しぶりにパブロ先生がカプリ島を訪ねると、マリオは病いを得てこの世にはいません。失意のパブロ先生、妻となったベアトリーチェが「先生に捧げた詩です」とテープレコーダーのスイッチを押すと、あの朴訥としたマリオの声が美しい島の情景に打ち寄せる波のように語るのです。マリオの詩を聴くパブロ先生の圧倒的詩情。私ははっきりと決心しました。これからはあの言葉を決して忘れまいと。つまり「判るまで、分かってはいけない」。そこからの中年期、私がくり返し、呟《つぶや》き返した言葉になりました。


どうも人生のその辺りからです。

本を読んだり、出来事を体験したりして、よく分からないことや腑《ふ》に落ちないことに遭遇すると、ノートに書き写して、判るまで待つようになりました。

そうやって、書き写すことを二十年ばかり続けておりますと、本当にこの世はパブロ先生の教えの通り、「詩」のようなことで一杯です。

その場ですぐ判ることや読んだら忽《たちま》ち理解出来ることの方が少ない。人生は実に難解な「詩」

です。

私の年齢もマリオの年からパブロ先生に近づいて来た頃、とても元気のよい土佐出身の編集者の女性から「本を出しませんか」との誘いを受けました。

嬉しくはあるのですが、本を一冊産み出すには、書き手の熱量だけでは済みません。特に私の書く本は世間様の御贔屓《ごひいき》に縋《すが》っております。私は盛りを過ぎて、賞味期限の切れかかっているタレントです。私にはもう世評を騒がせる話題も人気もありません。そのことは申し上げました。

ただ彼女は二十年ばかり、綴り続けたノートのことをご存知で、「『わかるまで、わかってはいけない』ノートはどうなりましたか」と尋ねられました。こっちのノートは快調でした。何だか年を取る度にホントひとつずつ解けてゆくのです。どうしても理解出来なかった、あの本のあの文章や若き日遭遇したあの出来事の意味が加齢とともに解けてゆくのです。正に出来事の真髄が六十から七十の加齢の坂道を登る時、視界が広がるように見渡せるのです。年を取るとは神妙な現象ですねえ。なんかそんな言い訳をしているとその女性編集者は向日性の笑顔で、「そのことを書きませんか」と仰る。（さあ、どうでしょうか。そんなものに興味を持って下さる方がおられるでしょうか）とも思いましたが、このハチキン（土佐方言で元気のよい女性）さんは「金八先生の一番始めの生徒さんたちが一斉に還暦世代になります。そこで金八先生、そこからどう生きればよいのか、先に歩いた先生が少し案内して下さいませんか」と。

何と魅力的な提案でしょう。あの時、私は三十歳になったばかりの若さにありました。そして私の前には十五歳の少年少女たち。その彼らが時を経てここから還暦という加齢の坂道を登ることになるのです。

さあ、彼らに何を話してあげよう……気付くと「やってみます」と返事をしておりました。彼らには伝えたいことが山ほどあります。

先ず、「老い」というものは手強い。今までの自分のやり方では「老い」に挫《くじ》かれて、ここからどんどんうまくゆかなくなります。今までの自分がここから通用しなくなります。「老い」は手強い。しかしそれでも「老い」は敵でも仇《かたき》でもありません。人生という難解な「詩」を読み解く手がかりです。

「判るまで、分かってはいけない」ところからここまで来て、ここから「詩」を深く読み解こうと伝えたい。私たちは「判るために年老いたのだから」。

ノートに「判るまで」と書きためた、本で拾った章句やどうしても解せない出来事を、あの生徒たちの前で解いてみせようと思うのです。

それはきっと最後の授業になるのではと思います。

途中から脱線して合気道の話になったりしますが、この武道論も「判るまで、分かってはいけない」とこの年になるまで胸に書きためた「詩」のようなものです。何とか読み解こうと六十代半ばで武道修業を始めました。

そんなこんなを書き記します。十五歳の時に会った君たちのここから先の「生き方」の参考になればと願っています。君たちのためなら、きっとパブロ先生のようになれると思う。私たちが「年老いたのは判るため」ですから。

さあ授業を始めますか。

向かい風に進む力を借りなさい

目次

師いわく

壱

もう何冊になるでしょうか。Ａ４サイズの大学ノートに読み終えた本から印象に残った文章を書き写しています。少しでも気になった言葉、文章を探し見つけて拾う。ただそれだけのことをもう二十年ばかりくり返しています。その大学ノートも早八冊目から九冊目。ひと山に積んだ大学ノートの高さ、10センチばかりに。五十代の始まりから六十代を経て、初老の七十代まで、杖代わりに縋《すが》って来た、言葉が並んでいます。二十年に亘り貯め込んだ、杖になり、標《しるべ》にもなった章句ばかりです。読み返すたびに意味を深め、時に如意棒になり、またプリズムのように光の輝きを色に分けて見せてくれる言葉ばかり。

振り返れば中年の頃、五十代に分け入った頃、そこまでの疲れというヤツがどっと出ましてねえ、鬱陶《うっとう》しい日々を生きておりました。ホラ、昨日の疲れが今日出た、というやつで、私、ぐったりしておりました。そんな中年の折にその人の言葉に触れると元気が出たのです。

それは、内田樹《たつる》氏。神戸在住の女子大のフランス現代思想の教授でした。フランス流の哲学を紹介する内田教授の文章は難解です。読んでも意味が判らない。判らないがその文章が何かとても深く人間を見つめていることは直感出来たのです。何冊か面白いエッセイを読み、次に手に取って広げた本は、『レヴィナスと愛の現象学』（せりか書房）。「愛の現象学」と銘打ってありますので、女心の仕掛けや男女の恋の裏技を伝授してくれるのかと勘違いして、読みました。バカですね。まだ五十代の初め。まだ身の内にくすぶる色気の埋み火《うずび》がありまして、どこか卑しい極意に憧れていたのでしょう。ところがそんな浅ましい教えはどこにもない。正に哲学が並んでいます。

知性とは「私は……を知っている」という知的達成の累積ではなく、「私は……について、不十分にしか知らない」という不能の語法を通じて練磨される、そうレヴィナスは考えるのである。

（一一〇頁）

何とも不思議な言い回しです。「知っている」ことが知性ではなく、「よく知らない」ということが知性だと哲学者エマニュエル・レヴィナスの言葉を解いておられます。何と反語に満ちて、くねくねとした文章でしょう。それでも、「知っている」ことより「よく知らない」ことの方が知的であるという内田教授の物言いは魅力的です。だって、私たちは「よく知らない」ことの方が多いのですから。で、「愛の現象学」をスケベ心で読み進むうちに、謎に満ちた言《げん》に出会えました。読み返した章句。レヴィナスの『全体性と無限』の言葉の、内田師範の訳です。

幸福とはおのれの欲求に自足することであって、欲求を消滅させることではない。幸福は欲求の「満たされないこと」によって満たされるのである。

（一六一頁）

〔Totalité et Infini: Essai sur l'extériorité, Martinus Nijhoff, 1961/1971:（『全体性と無限』、合田正人訳、国文社、一九八九）、pp.90-91〕

幸福、欲求、満たされると、艶っぽい単語が並んでいますので、これがツボかと思って眼を凝《こ》らしました。ところが、この言を解説する教授の弁が難解過ぎて判りません。「よく判らない」

ことを「判らない」言葉で説明してあるので全く手に負えません。五十代の始まりの頃ですから、少し意地もあって、何とかすっきりと読み下《くだ》すためにちょっと工夫をしてみました。レヴィナスの言を他の単語に置き換えてこの文章が成り立つか試したのです。まあ、色々とやりましたが、その中で、前記の文章の「おのれの欲求」を「あなた」に換えてみたのです……それが以下です。

幸せとはあなたを満足させることであって、私が満足することではない。
幸せはあなたが満足し、私が少し満足していない時。その時私はもっとも満足するのである。

これでどうでしょう。意訳ながらレヴィナスが解けたようで……つまり満足という幸せは私では決められない。あなたが満足し、私は少し不満足である時、実は私は最も満足であるということを言っているのでは、と思いました。

判りにくいので更に工夫を思い付きました。

この意訳を判りやすくするために、寸劇に仕立ててみます。

例えば母と子がいる。空腹のふたりは、夢中でパンを食べスープをすすっている。無言のふたり。それほど空腹だった。子は自分の分のパンを食べ切り、スープを飲み干した。まだ足りないその子はそっと溜息をついている。その不満足に気付いた母は、そっと自分のパンを取り、子の前へ。慈愛に満ちた眼差しで見つめる。子は母をすまなそうに見つめるが母の微笑に許されて母の分のパンを食べ始めた。その時、我が子の満足に母は最も満足するのである。

さあ、どうでしょう。「満たされないこと」を引き受けることによって幸せは「満たされる」という真理です。なるほど、これこそ「愛の現象学」、実に哲学的です。但し、レヴィナスの言が私の寸劇の通りかどうかは判りません。解答はどこにもないわけですから、確かめようがありません。そこが哲学の面白さです。

と、その難解ゆえ、内田教授の著作を意訳することが私にとって遊びになりまして、そのあたりから教授の章句を大学ノートの左頁に抜き書き、右頁に私なりの意訳を添えて、「内田樹研究ノート」としました。兎に角、内田教授を読み漁《あさ》りました。

『武道的身体論』という著作（確か、この著作の152頁だったと思うのですが、読書当時の私の記録です。）で内田教授は、フランスの文化人類学者、レヴィ＝ストロースの言を紹介しています。

人間は自分の望むものを他人に与えることによってしか手に入れることができない。

レヴィナスと同様です。「満たされない」ことを引き受けることが自分の幸せに「満たされる」ただひとつの道理と諭します。

何と使い勝手のよい言か。それが幸せであれ、満足であれ、人気や評判であっても欲しがっては手に入らない。それは他人に与えることによってしか手に出来ない。誠にいろいろと身に覚えのある道理です。教授から叱られるかもしれませんが、この二つの章句の感想に、私、「OH！Sexy」「色っぽい哲学」と赤ペンで感想を走り書きで添えています。

お気付きでしょうか。この章句の使い出の良さ。

男女が忘我の恍惚の一点をめざす時、ふたりを衝き動かすパッションもこの章句によって解けると閃《ひらめ》きまして……。

いえ、誤答かもしれませんが、章句から滲む情景でしたので、正直に書き足しました。

それにしても何と思い当たる情景の多い一言でしょうか。

まるで万能ナイフです。様々な用途に活用出来ます。それで、だんだんとその謎解きが楽しくなってきたのです。私は言葉を拾いに内田教授の著作の中を渉猟《しょうりょう》しておりました。

弐

青年期の働き盛りから中年期に入ると、人生を辿る足取りが重くなります。そりゃそうですよ。人生には季節があり、また山登りに似て、山路には勾配《こうばい》あり、五合目からは気圧の変化もあるわけでここから私たちは今までとは違う身支度を整えねばなりません。

そんな中年期に見つけた内田教授の言。２０１０年に『邪悪なものの鎮め方』（バジリコ）で見つけた言。私は還暦、60歳。

何やら、気鬱な仕事現場の人間関係に足掻《あが》いておりました。

が、このひと言にサラリと肩を押された気分になりました。

教授は言います。

若い頃にはなかなか練れた人だったのだが、中年過ぎになると、手の付けられないほど狭量な人になったという事例を私たちは山のように知っている。彼らは怠慢ゆえにそうなったのではなく、青年期の努力の仕方をひたすら延長することによってそうなったのである。

（264頁）

恩人とも思い、師とも仰いだ人の様変わりほど心挫けることはありません。（こんな人だったのか）と、人間の本性を見てしまった思いは火傷《やけど》のような傷を心に残します。嫌なもんです、本性とは。ところが教授はそれを本性と呼ばない。努力によって培われた生き方だと言う。そんな人は世間のどこにでもいる、と言う。彼か彼らは中年過ぎて何ひとつ身支度を変えなかった。まるでハイヒールで富士山の頂上をめざす旅行者と同じ。放っておくしかないと言う。何と生々しい箴言《しんげん》でしょう。そして青年期の装備は中年期のそこから役に立たないばかりか大きな災いに、彼か彼らを突き落とすことになると断じておられます。では、中年期のそこからどう準備すればいいのでしょうか。

その本の中で、教授がくり返し伝授なさっておるのが「失敗の効用」です。中年期のここで捨ててしまわず、今までの失敗を一度点検すべしと仰っています。で、その「失敗の効用」を教授はこう説きます。188～189頁で、

一九六〇年代の初めまで、日本の会社の重役たちは三種類くらいの「お稽古ごと」を嗜《たしな》んでおられたのである。

それは能狂言の謡《うたい》であったり三味線の長唄・小唄からゴルフ、あるいは銀座での夜遊びだったかもしれない。さっぱり上達しないことを趣味とした。それは何故か。

それは「本務」ですぐれたパフォーマンスを上げるためには、「本務でないところで、失敗を重ね、叱責され、自分の未熟を骨身にしみるまで味わう経験」を積むことがきわめて有用だということが知られていた（後略）

（一八九頁）

なるほど……失敗を稽古することで自分を研ぎ、磨いた。失敗で自分を振り返る。サラリと断じておられます。

私たちが「失敗する」という場合、それは事業に失敗する場合も、研究に失敗する場合も、結婚生活に失敗する場合も、「失敗するパターン」には同一性がある、（中略）すべての失敗にはくろぐろと私固有の「未熟さ」の刻印が捺されている。だからこそ、私たちは「自分の失敗のパターン」について、できるかぎり情報を持っておくべきなのである。

（一八九頁）

おのれの未熟、おのれの不能を苦く味わって、やっと中年になったのです。それは仕事で、あるいは人間関係で夫婦の間で、為出《しで》かした失敗は私の貴重な資源です。すべて焼却処分で焼き捨てたりせずに仕分けして、失敗の傾向を探るのです。多様で多彩な失敗から己を探るのです。失礼なので、委細は語れませんが、知り合いに三度結婚した先輩がおられます。新しく結婚をなさる度に「今度はちがう」と新妻を紹介して下さるが、見守る我らにはよく似たタイプの女性にしか見えないのです。この三度の結婚を二十年の歳月をかけてくり返した先輩をその度に「おめでとう」で祝ったのですが、既視感《デジャブ》で少し乗り物酔いの目眩《めまい》を覚えたことがあります。吹雪道の怪に似て、同じ道を回り続ける遭難者のようです。

中年の頃から、雪道で迷わぬ準備は重大と思っていました。だからと言って、私がこれら章句によりその後、何ひとつ失敗をくり返すことはなかったなどとは言いません。相変わらず、多彩に為出かしていますが、中年から以後、失敗しても何をどう準備するか、その手回しがよくなったようです。どうしてよいか判らない時、どうにかしている直感のようなものです。それは中年の折、大学ノートに拾い集めた様々な章句が私の骨身に染み込んだおかげと思っています。その中年の折のノートから、内田樹教授の言、更に紹介します。

参

そのＡ４サイズ、大学ノートの表紙には「内田樹研究」と標題を付けておりまして、ノートをとり始めた日を２０１２年9月と記しております。

東日本大震災や福島原発事故でこの頃、日本は大きく揺れておりました。私はと言えば、この前の年秋に、心臓に先天性の生死に関わる不備が見つかりまして、大きな手術をしたばかり。中年から初老の人生の峠道におりました。

もうひとつは、三十二年演じ続けた『3年B組金八先生』を演じ終わりました。それにしても何と激しい年での最終回だったことか。東日本大震災発生が3月11日で、その二週間ほど後の3月27日が放送日でした。

これほど続いた番組でも、津波被害の報道と見えない炎で原発が燃えている時です。そんな火事場で、テレビドラマは無力でした。

特別報道番組が次々と放送される最中、パタンと表紙を閉じるように終わってしまいました。何という幕切れかと思いましたねえ。

三十歳で初めて、手にした役でした。青年の若さでこの役を得てどれほど夢中でこの役を演じたか。打ち込みました。そして中年、ついに初老となって、六十を過ぎての大団円。中年過ぎから、最終回をゴールに見立てて、ラストランのシーンを思い描いておりました。

歩き続けた荒川河川敷、土手の一本道をどこか満足げに、その日、定年退職で去ってゆく金八先生の後ろ姿です。そのラストを夢見て、確かにそのシーンでこの三十二年のドラマに幕を下ろしたのです。が、夢見たシーンと意味が全く違うのです。金八先生が去ってゆく後ろ姿の彼方《かなた》、春霞《はるがすみ》に薄く連なる山稜の向こうには、津波で焼け跡のように瓦礫《がれき》の山と化した町村があり、放射能汚染で苦しむ町村があり、原発で見えない火の粉をあげて燃え続ける原子炉の消火のため決死隊が送り込まれる時世です。無論、金八先生に何か責任があるわけではありません。しかし、彼が歩いてゆく先にある事実はそれで、彼はその方向に向かって歩いているのです。それが事実です。ドラマとは言え、その最終回はその方角を向いて終わったのです。

そんな年回り。奇態なタイトルの内田教授の著作を読んでおりました。『先生はえらい』（ちくまプリマー新書）です。「金八先生」を終えたばかりですのでこの題、引っ掛かりますよね。で、また中々、難解。噛みごたえのある文章ばかりです。よくわからない文章を読み下すうちに、こっちの腹の内を読まれたような章句に出会いました。その31～32頁です。

何をいっているのかぜんぜんわからなかったがゆえに、あなたは彼から本質的なことを学ぶことができたのです。

おいおい、こりゃ俺に向かって仰っているのではないか。
「彼」とは内田教授で、「あなた」は俺か？　そう思った矢先に「金八先生」最終回の無念がくすぶる私に教授は言います。

それは「技術に完成はない」と「完璧を逸《いっ》する仕方において創造性はある」です。この二つが「学ぶ」ということの核心《かくしん》にある事実です。

スキをポンポンと突かれ、二つも言い当てられると、さすがにたじろぎます。思いもしないゴールに着いてしまった私。めざしてもいない方向を向いている私。めざした「完璧」を逃したのです、最後の最後に。だから、ここから本質的なことを学ぶために、「学ぶ」を始めなさいと師は言います。「でも、こんな年で」なんて言うな、と架空の師は言います。この本の著者をついに「師」と呼んだ時、私は「生徒」になったのでしょう。「金八先生」を終えた時、私は教壇を下りて生徒の席に着いたのでしょう。

私は何かを取り逃がした。そして師と呼ぶ人が現われた。だから生徒の席に着くのです。で、師は私に語りかけて、こう言いました。36頁で見つけた言です。

先生というのは、「みんなと同じになりたい人間」の前には決して姿を現さないからです。だって、そういう人たちにとって、先生は不要どころか邪魔《じゃま》なものだからです。先生は「私がこの世に生まれたのは、私にしかできない仕事、私以外の誰によっても代替《だいたい》できないような責務を果たすためではないか……」と思った人の前だけに姿を現します。

これですね。きっとこの思いがあったからこそ、私は生徒の席に着き、教壇に立つ人を師と見上げているのでしょう。

学校という景色にはいくつも仕掛けがあります。そのひとつが教室の仕掛け。それが教壇です。生徒の席から教壇を見上げると、黒板を背に教壇に立つ人が「師」に見えてしまうというトリックです。この本のタイトルの通りです。「先生はえらい」のです。「えらいから先生」ではありません。だから、教壇に立つ人がその辺のおっさんに見えてしまった生徒は、えらい先生に見えない。そんな奴の話も聞きたくない。「席に着け」と言われると腹がたち、実際に先生を殴ったり蹴ったりした生徒がいました。

世間ではそのような暴力が動画で報道されています。で、気の毒なのは先生ではありません。生徒です。この教室のトリックを見抜いた生徒はここからは、人から「学ぶ」ことが出来ません。「学ぶ」作法を捨てたからです。この生徒は生涯、誰からも学ぶことが出来なくなったのです。

恐らく、生涯、コンビニの前でうんこ座りを続ける不良の一生を送ることになるでしょう。この生徒は何を間違えたのか。彼はトリックや仕掛けを「罠」と見抜いて、先生からうまく逃げたと得意顔です。

しかし、教室のトリックは正にその罠のためです。罠は何のために仕掛けられたか。それは「師」と「生徒」のコミュニケーションが繋《つな》がるか否かのチェックです。この人は先生、だから「先生はえらい」とそう誤解出来る人のみに「学び」の授業が始まります。つまり、コミュニケーションとは誤解する力のことです。内田教授は絶妙の例を引きます。106~107頁。

昔見たＴＶドラマで、こんな場面がありました。男の子が女の子に「オレのこと好き？」と訊くと、女の子が「好きよ」と答える。すると男の子がちょっといらついて、「その『好き』じゃなくて！」と言うんです。

（略）いまのシーンで、男の子がどうやって女の子の「好きよ」が「男性としては好きじゃない」という意味であるかを判定できたか、わかりますか？
　それは、女の子が即答したからです。

なるほど。私などはこれです。青春でよく、「好きよ」と即答された者で、心に沁みる指摘です。つまりコミュニケーションとはあべこべの言葉でやりとりされるものであり、誤解する力こそがふたりのやりとりの推進力と教授は言います。その149頁、

> いちばんたいせつなことは、コミュニケーションはつねに誤解の余地を確保するように構造化されている、ということでした。
> どうしてかというと「誤解」の種類は「誤解者」の頭数だけあるのに対して、「理解」というのは一種類しかないからです。

圧巻の指摘です。この章句、しっかり噛んで下さい。師はすごいことを言っております。正解を得た、理解した者はもうそこで対話を止めてしまう。だって、話すことは何もないもん。理解したのですから。それが師弟であれ、親子であれ、男女であれ、正解した者はもう対話す

る必要がなく、その人には師も親も恋人も必要がない。もっと言えば、正解したその人と相手との関係ももう必要がないのです。私はこの章句の横の頁に私の理解を進めるために、寸劇仕立ての台詞を書き込んでおりますが、ここにはこんな意訳を添えております。私の理解です。

例えば、男を捨てる時の女たちの最後の言葉、あるいは妻たちからの離婚の宣告は、「あなたのこと判ったわ」である。日常の暮らしで、不始末を妻よりしばしばお叱りを受けるが、私の場合は「なんでこんなことすんの」の叱責から最後は「よくわかんない人ねえ」で締め括られる。なので、まだ、大丈夫。

とこんな風に結んでいる。何やら自信があるようです。

何故なら、正解者としては自信がないが、誤解には自信があるからです。「失敗」と「誤解」の多い人生を歩いて来ました。三十二年続けた『3年B組金八先生』でさえめざした心境で終えられなかった最終回。そんな老いの初めにいる私を最も励ました章句がこれ。151頁です。

人間の個性というのは、言い換えれば、「誤答者としての独創性」です。あるメッセージを他の誰もそんなふうに誤解しないような仕方で誤解したという事実が、その受信者の独創性とアイデンティティを基礎づけるのです。

私はこの章句に呆然とするほど感激しました。これこそ、私のために用意された言であり、私が受け取らねばならない私のための言です。それが書いてあるのですから、著者の内田樹氏は紛うことなき「師」でありましょう。ここまで誤解させてくれるわけですから、もう授業は始まっているのでしょう。私はこの言に寄せて赤インクで横の頁に意訳を書き込んでいます。いわく、

人は誤解した時のみ、個性的である

「失敗」と「誤解」に満ちた人生でした。しかし、師は「失敗」と「誤解」こそ生きてゆくための資源であると仰る。サステナブルなＳＤＧｓとして、諸君、焼却などしてはなりません。それは資源です。

肆

内田教授を勝手に師と仰いで、その著作を読了すれば、印象深い章句を抜き、写しておりました。で、その章句を読み返しながら、我が身の血肉としてきたような塩梅です。読み返せば我が身を振り返る、いくつもの気付きがありました。

例えば、私は坂本龍馬という維新の志士が好きです。それは十八の時から五十年の時を貫いて、七十歳を過ぎても寸分も変わりません。で、何故好きか。恰好いいからです。では、どう恰好いいのか、と問われれば、それは恰好いいからと答えるしかありません。

こんな貧弱な動機しか用意出来ないのですが、私と比べて師は深き洞察をもって、坂本龍馬を解きます。『日本辺境論』（新潮新書）の198～199頁で見つけた言です。

この極東の島国が大国強国に伍して生き延びるためには、「学ぶ力」を最大化する以外になかった。「学ぶ」力こそは日本の最大の国力でした。（中略）「学ぶ」力を失った日本人には未来がないと私は思います。

斬れ味鋭く、師は幕末の志士の見事さを「学ぶ」力であると言います。龍馬や海舟、吉田松陰は西洋に学ぼうとした。彼らを真似た昭和維新の陸海軍の青年将校たちに西洋に学ぼうとする意欲はありません。幕末と昭和の志士は違います。現在も日本には幕末の情熱や志操をなぞろうと、政界には維新を名乗る政党があり、新選組もおります。(言わでものことながら歌謡界には海援隊もおります)が、龍馬たちの恰好よさとは比べようがないのです。どう見ても彼らの方が恰好いいのです。これは何故か。

確かに真似て、なぞろうとする人たちの方が多くの知識、豊かな情報を世界について持っています。当然です。なぞろうとする人たちは後の世の人たちなのですから。吉田松陰より東條英機の方がアメリカについて知識が広い。勝海舟より山本五十六《いそろく》の方が軍艦について詳しいのは当たり前です。龍馬より大阪維新の会の代表の方が世界を知り、土方歳三よりれいわ新選組の方が日本を熟知しています。その差をもってしても、幕末の志士の方が恰好いい。何が違うのか。それは「学ぶ」姿の差と師は断じておられる。日本の国力、あるいは経済、はたまた防衛力を最大にするためには「学ぶ」しかない。「学ぶ」姿勢をとる時、日本人は最強となる、と師は言います。

何と強烈な言葉でしょう。ならば、私も「学ぶ」者でありたい。そう思うのです。松陰が国を守るためにアメリカに学ぼうとしたように、海舟が国を富ませるためにイギリスの経済を学ぼうとしたように、龍馬が異国から日本を守るために異国の黒船を学ぼうとした率直さが恰好いいのです。師はその「学ぶ」志士たちを最強の日本人と讃《たた》えておられます。と、すれば私は何を学ぶか。生涯を貫いて学ぶ教材などあるだろうか。そう自分自身に問う時、そう書き記しているこのノート、そのものを見つめ直したのです。「これから」を学ぶためには最高の教材は「これまで」の私じゃないかと直感しましてね。書き残された「失敗」、愚かな「誤解」から学んだことと己を立て直すために拾い集めた章句の記録です。このノートは私の資源です。「失敗」と「誤解」から学びを続けようと直感したわけで、私は自分のバカさ加減を学びの教材にしようと直感したのです。前述、『先生はえらい』で見つけた章句です（読書当時の私の記録です）。

大人と幼児のちがいは、賢さとか世間が判っているかではない。（中略）とりあえず、自分のバカさ加減に気づいた者が大人なのである。

そう、自分のバカさ加減に気づかねば大人になれないのです。ならば己の「失敗」と「誤解」

にこそ大人になるための学びがあるわけです。師は続けてこう言っています。

どこで間違ったかを知り、よく理解出来ない人と共にうつろいやすき日々を生きている不確かさこそが大人なのである。

と。で、私の「失敗」と「誤解」を点検し、私が為出かした「失敗」と「誤解」のカラクリ（構造）を解く時、見落として来た知恵か極意、生きてゆくコツのようなものが見つかるのではないかと思ったのです。

勿論《もちろん》、教材は私ですので、それが読んで下さるあなたの役に立つか否か。でも、私がここであなたへ渡したいと願っているのは私の知恵や極意、私が見つけたコツではありません。それはもっと上手な方が啓発本として、いくらでも書いておられます。こうやればうまくゆくとか、これを忘れていないかとかの手練手管なら、私などより頼りになる方は幾らでもおられる。私が企てているのは、それではありません。私があなたと辿りたいのはきっともっと遠いものです。私、還暦を過ぎた頃、内田師範の著作に異様な言葉を見付けましてね、難度が高いのですが私の企てをそこから説明します。『修業論』（光文社新書）、その１４６頁から。

生命活動の中心にあるのは自我ではない。生きる力である。それ以外にない。自我も主体も実存も直感もテオリアも超越的主観性も、生命活動の中心の座を占めることはできない。

多分、こんなことでしょうか。いろんな言葉を当てて、私なりに着せ替えてみました。

生きてゆくのに一番大切なものは私ではない。
一番は生きる力、それです。
私が生き生きと正しく、安心安全に確かな道を生きているなど人生で大事ではありません。

私はここまで生きて来て、こんな理屈を聞いたことがない。強烈な言葉ですね。私は戦後、民主主義の前衛世代に生まれて、ひたすらに自分を大切にしろと教えられた団塊世代です。しかし内田師範はその「私」を一番大切なものではないと仰る。奇矯な意見か。ちがう、正論です。師は証拠としてこんな事態を想定せよと仰る。続く文章です。

だから「自我があるせいで、生き延びるのが不利になる」状況に際会すれば、「生きる力」は「自我機能を停止せよ」という判断を下すはずである。

命の危険が差し迫ると、人は「我」を忘れると仰る。生き残るために「我」を忘れるのです。そして危機に際して最も危険な人は「自我を手放さない」。つまり、誰よりも自分を大切にする人です。

だから、と師は言います。それは初老の私を最も激しく揺さぶった言です。152頁の言。

「自我」という、平時においては有用だが、危機においては有害な「額縁」装置の着脱の訓練をしているのである。

つまり、それは、「私」を脱ぎ捨てる訓練、と師は言います。

その訓練を私は武道に求めました。内田師範の背を追いかけて合気道を学ぼうと決意したのです。私の「失敗」と「誤解」、「私のバカさ加減」を資料として、「私」を脱ぎ捨て、「生きる力」を探す旅です。あなたを話し相手に辿る旅にならないかと企てたわけです。

70年代に一世を風靡したカンフー映画『燃えよドラゴン』のブルース・リーのあのセリフです。カンフーの極意をめざす少年に、師であるリーは虚空の一点を指して諭すのです。「私を見るな。私の指差すものを見つめなさい」と。彼が指差すものは武道の極意です。彼ではないのです。

それは六十四歳の時でした。遅すぎる武者修業に旅立ちました。「失敗」と「誤解」をこれからの人生の資源とするために、「私のバカさ加減」を縁《よすが》に、「私」を脱ぎ捨てる極意をめざそうと思い立ったのです。理屈っぽい文章で、すみません。大学ノートに書き綴った、「学び」のレポートです。

わずかでもお役に立てばと、あなたの「これから」のために私の「これまで」を御披露したいと心引き締めております。

私からのお願いはただひとつ、「私を見ないで下さい。私が見ているものを見て下さい」です。

修業論

遠い夏の日のことです。私はその本『修業論』を夢中で読んでおりました。著者は勿論、内田樹教授。その夏は今では天気予報の用語になっている線状降水帯というやつが九州山地の山稜に引っ掛かっていたのでしょう、一週間も降り続く豪雨の夏でした。

その雨で、故郷福岡のドラマロケは撮影中止となり、再開の目処《めど》たたず。東京へ帰ろうにも飛行機の発着は次々とキャンセルになる天候です。ところがこの不運にも使い道があって、一日中、窓ガラスを洗う雨音を聞きながら、この本を読んでおりました。

その２１８頁、六十四歳の私を誘う文章です。

手元にある有限な資源を、最大限有効活用するというのは、武道家の基本的な構えである。

（中略）

そのためには、身の回りの人間や資源をていねいに観察して、それが蔵している潜在可能性を感知し、それを掘り起こし、最大化する手立てを構想する力が必要である。

一見どれほど無用なものに見えようとも、ある特異な状況下では、「それがなければ生き延びることができなかった」ような驚嘆すべき有用性を発揮することがある。

「師」と勝手にそう呼ぶことにしたこの人は「失敗」や「誤解」でさえも人生の貴重、希少な資源であると言う。手元にあるものを捨てずに再利用すること、そう決心すると何もかも役立つものに見えてくる、と言います。そして、その心構えが人生を変えるかも知れないと言います。こりゃあ、魅了されますよね。人生、還暦を過ぎた六十齢の頃から急に自分の人生が下らぬものに見えてくるものです。

「老いの坂道」の途中です。先々の始末やら、片付けの思案などしておりますと、不意に眠れぬ夜がやって来ます。人に迷惑ばかりかけて生きて来たような、悔いと不安が込み上げてくるのです。閉じたまぶたの裏に怨みの視線や呪いの言が去来することもあります。「老いの鬱」というやつです。こいつ、実に手強いです。で、こやつに対抗すべく手の内にある己の失敗と誤解から使えそうなものを探せと師は言います。そして、何と「師」がその手本としてあげた先駆の剣術家がなんと「坂本龍馬」でした。

わたしゃ、この名と再会して躍り上がって、その文章を伝いました。その名こそ私の青春を決定付けた志士の名です。内田師範は「龍馬」をフランス文化人類学者、レヴィ＝ストロースの構造主義からの哲学用語を当てて、「ブリコルールの人」と特筆されています。ありものでやりくりする人という意味になります。一見、何気ない言葉ですが、「無用なもの」から「驚嘆すべき有用性」を見つけ出す能力ですから、凄い能力に違いありません。

己の「老いの鬱」に対峙すべく、もう一度、もう一度だけ「龍馬」を気取ろうかと思った次第です。

で、そこから一年ばかり過ぎた夏のことです。さまざまな逡巡《しゅんじゅん》もあり、内田師範に続く武道修業の「師」を求めて都内の道場を捜し続けた一年でした。

で、見つけたのが世田谷区・三軒茶屋駅近く、国道２４６号を首都高速が蓋をするように覆い塞ぐ路地裏です。２４６号沿いの表通りのビル街から少し入ったその一角。古い体育館があり、一階は空手や居合い、杖術《じょうじゅつ》を教授する曜日替わりの道場で、その二階に合気道場・天道館がありました。いろいろと尋ね歩きましたが、自宅からあるいは仕事帰りなど、何といってもここほど足の便で都合よきところは探せません。三軒茶屋は渋谷に近く若者の街。でも、ここは気配が違います。兎に角、のぞいて見るかと思いたったのが平成26（２０１４）年の7月5日の昼下がりの時。

なんだかひっそり閑《かん》とした体育館の階段を上り、道場二階の玄関踊り場へ。扉の向方《むこう》に、八十畳ばかりの道場ながら、人っ子ひとりいません。ガランとしています。見学でもさせて貰《もら》えればと、呼ばわること数度。奥の教官室から、やっと声が届いたか、小走りに道着姿で走り出て来た人影がありまして、中肉中背の紳士然とした人物。

後に知るのですが、この人、事務方を担う高橋さん。

片手にハンコをお持ちでしたので、多分、宅配業者の訪問と勘違いなさった様子。で、私と知ると「いやあ残念。今、管長と若先生はヨーロッパの方へ指導に出掛けておりまして」と、丁寧に事情を説明なさる。まぐれで飛び込んだ道場はヨーロッパに弟子をもつスケールの道場だったわけです。一度、是非管長の指導ぶりを見学して下さい、と高橋さん。帰国の予定日などを教えられ、その日はお暇《いとま》することに。親切な対応に一礼して、帰りかけると高橋さん、口調を柔らかにして、「合気道、一緒にやりましょう」。で、忘れ難くも、続けて仰った誘いのひと言が実に印象的で、それが「……頭よくなりますよ」と。

なんでしょう、この合気道の奇妙さは。体力を、精神を、という武道は知っていますが、頭がよくなっちゃう武道というのは初めてです。でも、内田樹師範の道理に魅了され、その説くところに圧倒されて、それでも謎多き師の言を解くために同じ武道を志したわけで、誘いの言葉としてはピッタリなのでしょうが……。

しかし、何と不思議な言葉使いをする武道でしょう、この合気道は。この日、この後からも次々と驚くことになる私です。

そこから数日をおいて道場を夕刻に訪ねると、おられました、天道館清水健二管長です。福岡県嘉穂《かほ》の人。私の生まれた所から丘をふたつばかり越えた隣町の出身。柔道で身体を太くし、後に合気道創始者、植芝盛平の内弟子となり八段を許されるという略歴。三十年も昔にこの場所に天道館をひらかれた。堂たる体軀《たいく》、古武士然とした風貌穏やかながら武道家らしき眼光の管長です。古希を過ぎた年齢か。私を見知っておられ、第一声は「私も福岡です」でした。何せ、六十五歳で始める武道修業です。正直、心細くもありましたが、教授して下さる方が同郷というのはもうこの一声で、弟子入りの決心がつきました。

管長の横から「道着はお持ちですか」と次に尋ねてこられたのが清水健太道場長。まだ三十代の若さか。

勿論、様子を探りに来ているわけですから、稽古着の準備がある筈《はず》なし。その旨お伝えすると、管長、サラリと「道着、袴はお貸しします。やっていかんですか」とお誘いになります。このひと言に同郷のシンパシーが心に響いたのです。その「やっていかんですか」の声に同郷、筑豊《ちくほう》地方の訛《なま》りが香るのです。

「はい」と返事した時、私はこの人を「師」と決め、人生最後の修業の旅に就いておりました。この人の気配が好きでした。笑わないで下さいね、六十五歳からの武道修業です。

道着に着替えて待つこと暫し。三軒茶屋、下町の向方の西空を夏の夕日が赤々と染める時刻、玄関入口にいくつも人影。正面、「天道」の掛け軸と開祖植芝盛平翁の肖像画に一礼して道場生が次々と入って来ます。その道場生の様々、雑多の愉快なこと。堅気のネクタイ姿から夏服高校生の男女、Tシャツ姿の自由人から隆たる二の腕で半袖シャツが裂けそうな異国の人、更に私より先の齢《よわい》をゆかれる高齢御老台。妙齢の娘さんまでおられる。このバラエティーな活気は何なんでしょう。これらそれぞれの人が「合気道」を必要としているということなんでしょうね。

そしてすぐに気付きました。この道場には武道教授の場として、威圧というのか、気負いというのか、何やら武張《ぶば》ったオーラの人がいません。勿論、管長や御子息の若先生には武道家然としたオーラはあります。私も柔道は中学から高校、大学まで八年続け、三十代で役作りのために中国拳法の達人に教授を乞うたことがあります。しかし、そのどれとも違う気配の人たちです。なんかその武道のオーラが丸いのです。ほら、あの仏像のお釈迦様や阿弥陀様の頭の後ろにある光背みたいに、後光が丸っこいのです。

何でしょうねえ、この違いは。

皆さんそれぞれに柔軟体操をやっておられて談笑頻《しき》り。それが時満ちて、稽古の刻限。全員、正座となり、正面、「天道」の掛け軸、開祖の肖像に向かう。この間、静寂。間を置いて管長、進み出て、正座。一同、揃って正面に一礼。管長、身を反転、道場生に対すると、道場生の「お願いします」の声が揃って、管長に礼。すると管長立ち上がり、目線で若先生を呼ぶ、呼ばれた若先生、立ち上がりながら礼をしつつ、管長の手首を摑もうとする。刹那《せつな》、管長、腕を伸ばして若先生の顎を狙って、手のひらで突き押す。相撲の喉輪に似ているが、下から喉を擦《す》り上げて顎に手のひらを当てて、突き押す。これがほとんどカウンター気味に顎に刺さるからすさまじい威力。

若先生は全身でのけ反《ぞ》り、身体をたたんで真後ろへ倒れ込んでゆく。畳に落ちた瞬間、衝撃をやわらげるために両手のひらで畳を叩く。全身と手のひらで叩いた音が道場に響く。パンとその破裂音の凄いこと。これが初手。ここからいくつも、連続で技が続き、その技ごとに若先生は美しい円を描いて虚空を飛び、畳に転がるたびにパンと受け身をとる。ズシリとその音が重く響く。そして跳ね起きて、次の技へ。これを十回ばかりくり返し、管長、息を整えて技に秘められたエッセンスの解説を始めるのです。それにしても両者の躍動の美しさはどうでしょう。

管長の動きはもうほとんど舞うが如く。様々な技で畳に投げられる若先生は、まるで釣り上げられた鯛の、それも大物の鯛の如し、です。船の甲板を全身で叩いて跳ねるその音を聞くようです。野性の生き物がたてる音です。で、解説が終わると管長の「はい」で道場生は、そのエッセンスの動きをなぞるのです。これが見取り稽古という教授です。実戦はなし。ひたすら、「師」の動きをなぞる形稽古です。

技をなぞる方をトリ、仮想敵に扮する方をウケと称します。トリとウケを交代しながら、「師」が見せてくれた術技の裏にある、「それがなければ生き延びること」ができないような「驚嘆すべき有用性」を見つけるための修業が始まりました。先輩諸氏の動きをお借りした道着・袴姿で見学しつつ、くり返し自分に言い聞かせておりましたのは、「それがなければ生き延びること」ができない「驚嘆すべき有用性」がもし見つからなくても、決して後悔はしないこと。もしそれが見つかったにしても決して、他人にひけらかさないこと。見つかった極意は必ず己の身体で試し、身体が出来なければ見つけたと言わぬこと。

今まで為出かした「失敗」と、判っていたつもりの「誤解」を人生のここで丁寧に浚《さら》える。ここからは「上手《うま》」くなるためじゃあない。ここまで何故「下手」だったのかを解く「学び」にしようと……まあ、そんなこと、しおらしく思い始めておりました。六十五歳からの武者修業は斯《か》くして始まりました。

その帰り道、喉の渇きを覚えてコンビニで、生まれて初めて、「ガリガリ君ソーダ味」を購入。

その冷たさと歯触りが、呻《うめ》くほどうまかった、です。

多分、やっぱり緊張していたのでしょう。

手首と肘

その頃、コロナ禍五百四十日を過ぎた頃。兎に角仕事は消えて我が身を家に転がしているしかなく、「マスク・手洗い・ディスタンス」をくり返していた頃です。

なんだかコロナ予防の箱の中に閉じ込められているようで……その箱を遁《のが》れて街に紛れ出ましても、もちろんどの店も接触は厳禁。居酒屋はシールド・間切り・ビニールカーテンに包まれ、見渡す景色はグニャグニャと歪《ゆが》んでおりまして、我が身は温室のイチゴかトマトに思えて……息苦しい。こりゃあ何かに縋らねば、コロナの箱の中で、窒息すると思い詰めたわけです。

そこで、毎日ゴルフの打ちっ放しに通うことを決心しました。

実は私、これより前、2017年元日日暮れの練習場で既にゴルフを修業して、20ヤードの寄せからやり直しの途中でした。

これは上達をめざしたのではありません。「なぜ、下手なのか」を探求する思索の旅としたのです。面白いもので、「上達」をめざすのと、「下手」を極めるのではゴルフの景色が変わります。

兎に角、コロナ禍をチャンスと思い定めてこの修業をもっと徹底してみようと思い立ったわけです。

この修業は「去華就実」。「花が去らねば実は成らぬ」の四字熟語。コツコツやれということです。

ゴルフ修業をするために、レッスン書、あるいはゴルフ雑誌のワンポイントレッスンをひたすら我が身を使ってなぞるという手を選びました。

20ヤードのアプローチが何故下手か。バンカーから何故脱出出来ないのか。50ヤードで何故、ザックリと手前でダフるのか。

１００ヤードを大きく左へ引っ掛けるのは何故だ。

もうこれで一年過ぎておりました。下手を浚えて身体から掻き出す。さあ、アイアンからユーティリティー（ＵＴ）、更にフェアウェイウッド（ＦＷ）、そしてドライバー（ＤＷ）まで、曲げる、押し出す、（ボールの）頭を叩く、下手を極める旅です。

何と飛ばないＤＷの下手の理由が判るまでに４年。下手を浚えて、その下手の泥を落としている途中です。

で、話は初めへ。

何としてもコロナパンデミックを奇貨としたい。酒会厳禁、接触御法度の大号令があり、都知事が感染者数を告げる夕方、家人の目を盗み私はゴルフ下手の探索を続けました。

それが唯一、息抜きできるひと時でもあり、ほぼ六百日、そのゴルフ練習場のその打席に立ち、60球を限りに一週間で３００球ほど、一年で１万５０００球ほどを打って、下手さを探りました。

これ、決して己の熱心さを誇っているのではありません。寧《むし》ろ、これほどやっても少しも上手になれないところにゴルフの面白さがあるようです。

ゴルフの下手を浚っているうちに、これほど自分の身体と語り合う時を持ったのは、人生で初めてでした。

ゴルフをやらない方、更に嫌いな方もおられます。この後もゴルフの話が続きますが、めざしているのは下手の解明です。それは生き方、恋愛、職業、社交、趣味……等でくり返された私の下手が、一体何が原因だったのか、人生の夕暮れに在って、その下手をどうしても解き明かしたいと願いました。

そこをテーマにします。

話は飛びます。こんなことがありました。

2022年春のこと。コロナ禍の日々を私は生きておりました。何せ、五十年ほどの結婚生活で、これほど女房殿と顔つき合わせて暮らす日々は初めて。ステイホームの感染対策で家に引き籠《こも》る毎日です。亭主としてはもうごろごろしている他なく、それが女房の不機嫌を募らせることとなり、朝夕に火の粉のような叱声が飛んで来ます。そこでしおらしく朝の掃除の手伝いを申し出ました。

与えられた仕事は洗面所のタイル、床を拭くこと。注文通り、腰を下ろして、蹲踞《そんきょ》の構え。相撲の稽古よろしく、両手で雑巾を押さえて前後させておりますと、叱声一閃。「そんな手付きでは拭いたことにならない」と指導が入ります。「四つん這《ば》いでやるの」と雑巾を取り上げて女房が手本を見せてくれます。五十年間、家事としてくり返した手順はもう立派な技であり、見事です。ザッと拭き上げると、女房、雑巾を私に渡して「一度水で濯《すす》いでしっかり絞る」と次の手順の説明を始めます。その作法を聞きながらバケツの水で雑巾を濯いで絞って渡すと……途端にまた叱声。

「雑巾の絞り方が変よ。普通は右手を上に、左手は下で左右に絞るでしょ。あなた、左手を上に、右手を下にしているからしっかり絞れてないのよ」

「えっ⁉」となる。女房の絞り方に強い違和感を覚えます。

身体が主張する違和感です。

箸を持つ右手をわざと左に持ち替えた時のあの違和感です。その絞り方では何となく絞る雑巾に力が伝わっていかない、と伝えました。そして彼女の絞り方を睨む。じっと見られると居心地が悪くなるのか、「あなたのその絞り方は変よ」と少し先っぽを尖らせた声でこのことは強制終了。本題の家事へ。彼女の指導は床の拭き方へと続きました。勿論、その指導に従ったのですが、この「変」の指摘は心に引っ掛かりました。

雑巾の絞り方が女房と私で違う……。もう五十年連れ添った夫婦が雑巾の絞り方が同じではない。そして、夫婦、お互いに、その説明が出来ない。すべて身体に委《まか》せっきりで。女房の手の使い方に強い違和を感じる私の手。

さあ、復習《さら》えましょう。老いてゆくとは、当たり前のことに深い謎を感じる時です。


話はゴルフへ戻ります。

コロナ禍、三密厳禁の日々、ひとりガレージで下手なパターを復習《さら》えておりました。そう、下手なゴルフの、特に下手なパターです。ゴルフをおやりにならない方もテレビのスポーツニュースでおなじみのシーンで御存知でしょう。

パターなる道具を握りしめ、グリーン上の直径108ミリの一升瓶の底ほどのカップにボールを捻《ね》じ込んだ瞬間、歓喜するプロたちの姿、御覧になったことがあるでしょう。平べったい鉄の板でボールをなでて、カップに流し込むだけの動きです。これほど単純な動作はありません。立って歩けるなら三つ四つの子供でも出来ます。ゴルフの面白さはこの単純な動作に心理が絡むと、ややこしくなること。兎に角、ボールを真っすぐにヒットすればいいのです。ただそれだけのことが出来ない。わずか数十センチのパットを外して、何度悲鳴をあげたことやら。この無念は筆舌に尽くし難く、ホントに心が折られるトラウマを心に残します。

カップまでわずか30センチを外した白髪の商社の会長が己に向かって、「死ね、老いぼれ」と絶叫なさる絶望を目撃したことがあります。往年の名プレイヤー、リー・トレビノはマスターズトーナメントの高速グリーンに手を焼き、パットをするたびにカップに向かって「Don't move（動くな）!」と命じておりました。このパット下手の謎を生きているうちになんとか解かねば。

で、買い求めました。パター練習機。長さ2・5メートル。幅24センチの緑の人工芝マット。その帯の先にカップを模した箱が付いています。二本の白線の中央にボールを置き、こっちの端からパターで転がし、あっちの端の模擬カップへ入れる練習機です。模擬カップに入れると電池の仕掛けで練習機がボールを足元へ打ち返してくれます。

　この便利グッズと新しいパターも購入し、パター下手の解明に乗り出しました。それまでは逆オーバーラッピンググリップ（握った時、左手の人差し指を右手の指に上から乗せる。**イラスト①参照**）でしたがどうにも上達しません。新品パターも買ってしまったのですから、三十年以上の下手の解明をなんとか成し遂げたい。そこで、蚊取り線香を焚いて、車庫の明かり灯して、集中。

　先ずグリップを変えてみました。もっと手元が敏感になるように、左右の手のひらを離して、左手クローグリップへ（**イラスト②参照**）。クローとは鉤爪《かぎつめ》のことで指先を引っ掛けるという意味。変な形ですが、すぐに慣れて、手のひらにも馴染みます。さあ、これで準備よしと2・5メートルのカップへパットをくり返します。2・5メートルとは大股で歩いて三歩の距離。これをやってみる。10回、20回、30回……パターを真っすぐ引いて、仮想カップに向かって真っすぐに出す。入らない。30回やって一発も入らない。くり返しますが真っすぐ引いて真っすぐ打って……入らない。ボールは全部、カップの右へ外れています。全部です。何故なんだろう。ならば当然、少し左を狙って打ちます。10回、20回、30回……で、今度は全部、左へ外れてゆきます。60回やってそのカップへ入ったのは二発のみ。この下手さはなんでしょう。これは奇怪です。

　勿論、下手は判っています。しかし、ボールを真っすぐ打つために、パターを真っすぐ引いて真っすぐ打ち出しているのに……何故、右へ外れるのか。

左へ送り出すと、引っ掛けて左へ外れる。１００回やっても1、2回しか真っすぐ転がらない。私は一体、何を間違えているのでしょう。

そこで、パットだけに特化したレッスン書を本屋で見つけました。ゴルフ雑誌『アルバ（ALBATROSS-VIEW）』の特別号で写真の多いレッスン書、『パット上達だけで5打縮まる！』（グローバルゴルフメディアグループ）。パターの小技を伝授するグラビアレッスン書です。その隅々まで、私の下手を解く理由を探すのです。

先ず、ボンヤリとこのレッスン書を読み返す。

二度三度と読み返すうちに、理解出来るところはそのまま、理解出来ないところを探す。私が下手なのは何かを理解していないからで、赤鉛筆を握って

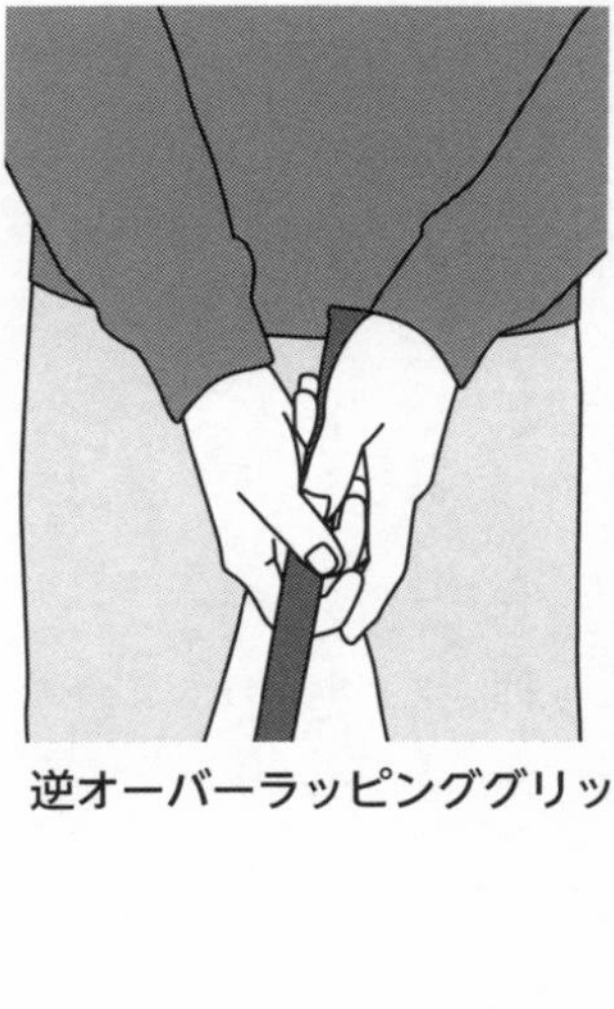
① 逆オーバーラッピンググリップ

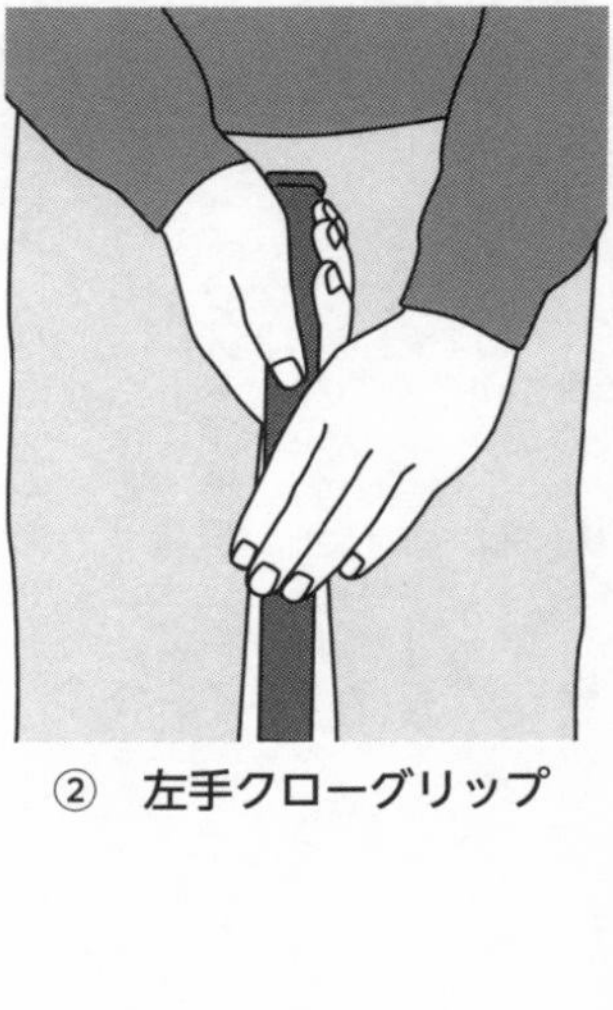
② 左手クローグリップ

それを探す。

気になるところを次々赤丸で囲んでゆく。そうやって復習《さら》えるうちにクローグリップの頁に、「このグリップは鉤爪で添えている手のひらの指がグリップ全体の指揮をとります。この三本（私の場合は左手の人差し指・中指・薬指の三本）に任せるとスムーズ」という指摘がありました。このグリップの利点はこの指三本が悪さをしないからショートパットの5メートル以内で、実に有効、と絶賛しています。そしてその頁の欄に、「右に押し出す人にこのクローグリップはお薦め」とあります。……嘘だろう。2・5メートルが全く入らず、右へほとんど押し出している私です。ここにきっと私を下手にしている原因がある筈です。私は何かを見落としている。何かを理解出来ていない。だから真逆の結果になっているのでしょう。

探す……その頁のどこかに原因がある筈。で……様々なワンポイントのレッスンが並べられている中に仰天の指摘をついに見つけたのです。それが、これ……説明に「フェース（ヘッドとボールの接する面）はターゲットに対しては開閉する」とある（イラスト③参照）。「えっ！嘘だろう」。真っすぐ転がすためには真っすぐ引いて、真っすぐ打つではないのか。だって、三十年以上そうやって来たし……そうか、それで三十年以上外してきたのか。

さあ、真偽を確かめるのは実に簡単。また車庫に戻って、練習マットに向かえばいいのです。

2・5メートルの人工芝マットにボールを置く。フェースを真っすぐ引かず、大きな楕円の軌道に引いて、その軌道に乗せて、ヘッドを送り出し、フェースを閉じる。ヒット。ボールはつかまって強い転がり。そのボールは人工芝の真ん中を走り、模擬カップへ飛び込んでゆきます。

百発打って左右にぶれたボールが、楕円の軌道を意識すると真っすぐに走る。仰天の結果です。百発百中とはいかない。でもそれを意識するとボールの転がりは激変します。フェースの開閉を意識しただけです。

そのコツだけで、打率は10本中5本ぐらいは真ん中を走り、模擬カップへ飛び込みます。なんとかひとつ下手が解明出来そう。三十数年以上かかりました。でも、三十年以上も何故気付かなかったか。上手をめざしたから、外し続けたのでしょう。事ほど左様に下手を解く時、我

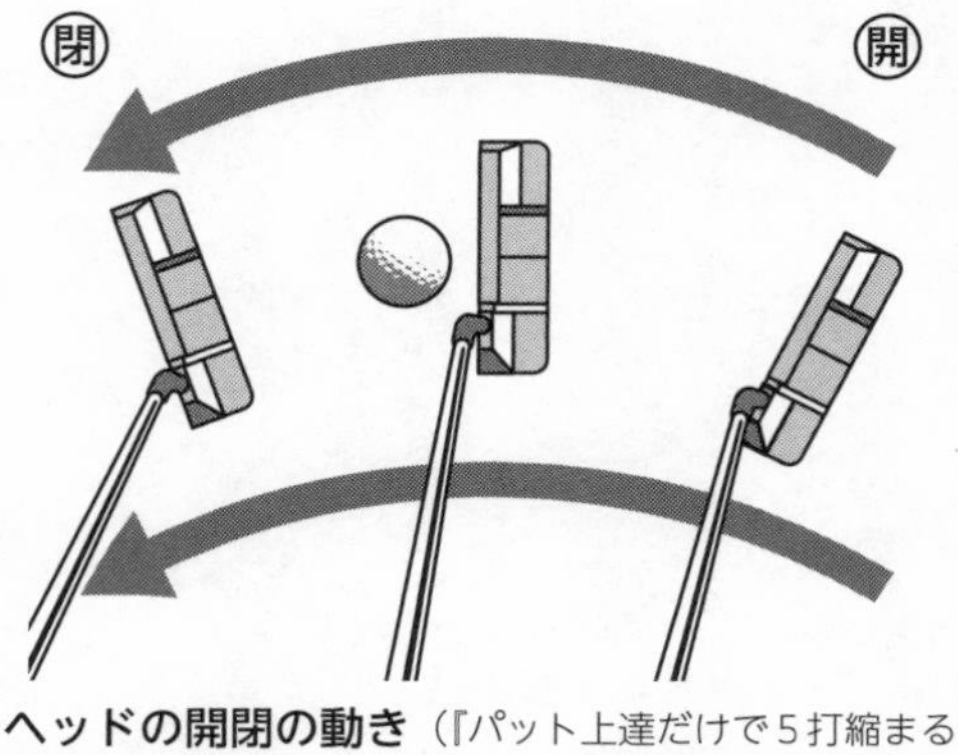

③　**パターヘッドの開閉の動き**（『パット上達だけで５打縮まる！』を参考に作成）
ヘッドは直線ではなく曲線をなぞる。

に返るのです。老いてやっと己の解明に乗り出したわけでゴルフ、ショートパットの下手の原因を探っておりますが、と言って語りたいのはゴルフ上達ではありません。めざすのは己を解き明かすため。我に返るためです。なんで己は変で下手なのか。私を解くために、私を辿っておりますそのために私は年老いたのですから。

で、ここから年老いて始めた武道修業、合気道の話。話は飛んで武道論で、この合気道もこれも又、下手で……。我が道場はコロナ禍、マスクのまま、蒸気を噴く加湿器、窓開け放つ工夫を重ねて教授を続けておられました。その冬の夜の稽古の時、指導の若先生が二十人ばかりの道場生に教授なさっておられました。

我が流派は技を名で呼ばない。動きは襟絞めからの四方投げ。

実戦で、敵と相見《あいまみ》える時、繰り出す技を名前で思い出しているとその分、攻守が遅れることを嫌う。名付けず、若先生が高段者を相手にやって見せて下さる。その襟絞めからの四方投げは、仮想敵に扮する高段者（ウケ）が若先生（トリ）の背後から襲う想定で、仮想敵（ウケ）は、片手を摑み、もう一方の手を若先生（トリ）の首に回して、道着の奥襟を取って絞め落とそうとする。このまま、押し倒されたら反撃のチャンスはない、という想定。

で、若先生はどう反撃するか。手を摑まれ、首を絞められた若先生は、瞬間、摑まれた手を撥《は》ね上げて、身を回転させた。同時に奥襟を摑んでいるウケの手首を取り、俄然その腕をくぐる。と、ウケの腕を捻じ上げる四方投げの形になっている。刹那、両腕を引き下ろすとウケは全身を畳に叩きつけられることになる……と、ここまで書いて……申し訳ない。武道の動きを文字に写すと実にややこしく、何がなんだか判らない文章になってしまいます。判らずとも気になさらず、ザッとお読み下さい。これだけの文字を費やしても伝わらない動きを若先生はほんのひと息で演じ、このひと息の動きにいくつもの極意が潜んでおりまして、そのひとつがテーマです。それは若先生が見せて下さった極意のワンポイント。

ここからそのワンポイントだけを話題にします。ウケが背後から襲ってきた刹那、若先生は両の手のひらを返しています。それまで内を向いていた両の手のひらを正面に返すのです。判りにくければ、地面に向いていた手のひらをパッと空に向ける、その動きです。で、若先生は教えます。「ここから少し腰をおとし、おとしながら摑まれている腕を上げます。力を入れず、ひょっと上げて下さい。そう、腕時計を今何時だろうと見る動きです」と。

これが合気道の奇妙さで、実に面白い点です。護身のための格闘術ですが、その理合い（筋道）の説明に、こんな風に何気ない日常の動作を入れて、反撃の技に繋げてゆきます。このワンポイント、これが意外に重大です。「はい、どうぞ」と若先生の合図があって、道場生二十人ばかり、ウケ・トリのペアになって道場に広がり見取った技を復習します。やると判ります。ウケは背後から襲ってくれます。片手を押さえ、首を絞めようと道着の奥襟を掴んで来ます。と、この瞬間、両の手のひらを空に向ける。遅れるともう動けません。手のひらを押さえられて、技を始めることが出来ません。力を入れず、ひょっと腕時計を見る腕の動きが出来ない。満身の力を込めて、腕を上げることは出来ても、それはプロレスの動きであって合気道のそれではない。つまり、あの刹那、手のひらを空へ向けた動きは実に重大な極意なのです。

ですが、何故、極意なのか。これが判らない。若先生に聞くと、とても爽やかに笑って、「そうなってるんですね、合気道は」との事。

若き師は爽快な笑みで、それを探すことこそが稽古ではないかと表情で仰っているようで……。さあ、極意を求めて、いい人に出会いました。いい人とは森部さんです。

森部さんも同じ道場生、ご職業は整体師。つまり、治療院で人体の筋肉から骨を相手に整える仕事をしておられる。この森部さんに前述の問いを尋ねてみたのです。森部さん、問いを受けて、沈思黙考。暫し後、静かに左手を出し、手のひらを空に向けて、この謎解きにかかりました。「人間の腕は上腕と前腕で出来ています。上腕は肩に繋がってまして、ここの骨は一本。その先が肘で、肘から手首までが前腕。この前腕の骨は二本です。橈骨《とうこつ》と尺骨《しゃっこつ》で、その先の手のひらに繋がります。手のひらには五本の指が繋がり、こまかな仕事が出来るのですが、手

のひらにはひっくり返すという機能が任されています。橈骨は人差し指、尺骨は薬指と繋がっていると思って下さい。手のひらを上に向けた時、この二本は平行（||）です（イラスト④a参照）。ひっくり返すと二本はXに交わります（イラスト④b参照）。これで180度の回転。これをくり返すと電球を取り換えたり、ネジを締めたり出来るわけです」。と、こんな解説です。

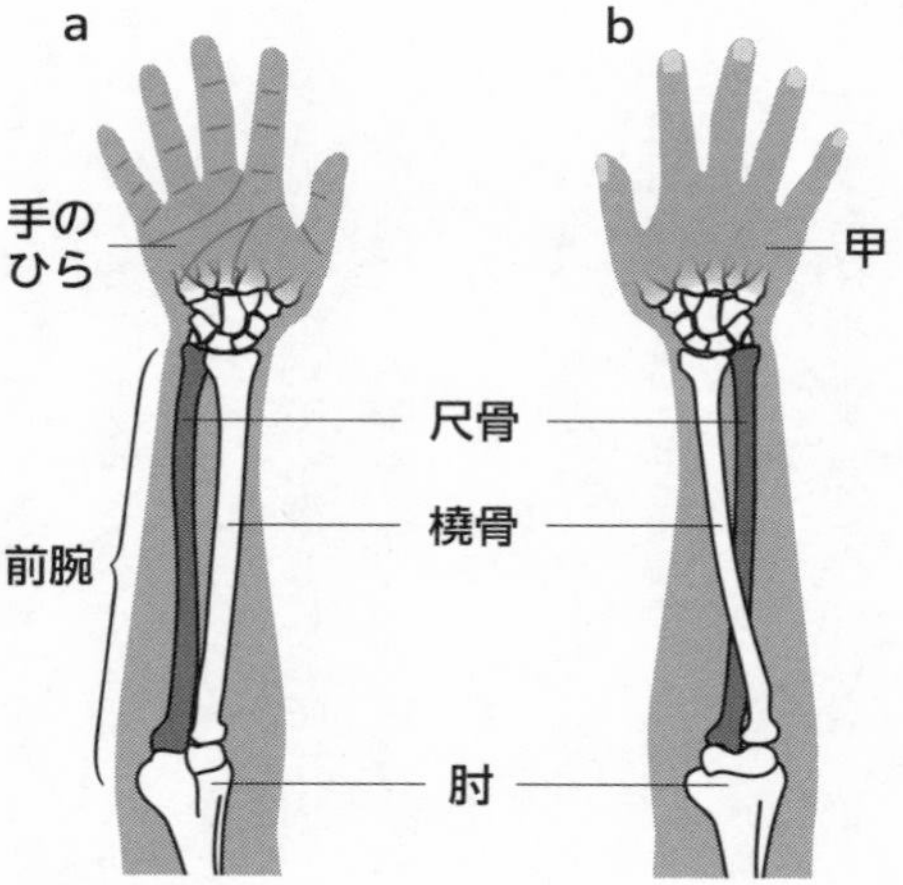

④　前腕の骨
手のひらを上に向けた時（a）は尺骨と橈骨は平行、ひっくり返して手の甲を上に向ける（b）と尺骨と橈骨はXに交わる。

森部さんは若先生のあの動きは前腕の二本の骨を先ず平行（||）の形にして、瞬間、交叉のXの形にする動きと読んだワケです。さすが整体師、肉を見透かし、骨を見る、です。わたしゃ、自分の腕に骨が二本あることすら、知りませんでした。

でも謎は何故、若先生は腕時計を見る動きをするのか。森部さんと語り合いつつ探りました。多分、トルク。日本語では「軸力」という漢字が当てられています。私はそう呼びます。その軸力……軸が回転する動きによって、力を円運動から借りることが出来る物理です。若先生のあの動きは手のひらを半回転させることで押さえ込む力を振り切るワケで、この小さな半円から次に肘を軸にして半円を描き、腕を上げさせてウケの体勢を崩し、次に腰を中心にして半円、ウケの正面に回り込み、襟を摑むウケの腕を取り、次に片足を軸にその腕をくぐって四方投げへ。波紋が広がるようなひと息の技です。文字にすればこれほどの文字を並べねばなりませんが見れば一瞬です。でも文字にすると、ほとんど何を言っているか判らない文章となるわけで、すみません。

このあたりもざっと読んで下されば結構です。テーマはひとつで、この章は私の下手の解明です。ゴルフが下手で、床の拭き方が下手で雑巾の絞り方が変で、合気道の覚えが悪くて……ただ下手を探求する熱ばかりは人一倍あります。私は私の下手に熱心です。

で、ここからアッとおどろく偶然が起こりました。橈骨、尺骨の前腕二本の骨の動きを探るべく、左腕を虚空に差し上げ、ヒラヒラと裏返す森部さんの手のひらを見るうちに、その動きに見覚えがあります。私が雑巾を絞る時の左腕です。ドキリとして「森部さん、雑巾しぼる時、どうする?」と訊くと「いやあ、意識したことないなあ……」と言いつつ空に向けて左の手のひらを上に、右の手のひらは下。私と同じ手のひらの返し方です（イラスト⑤a参照）。

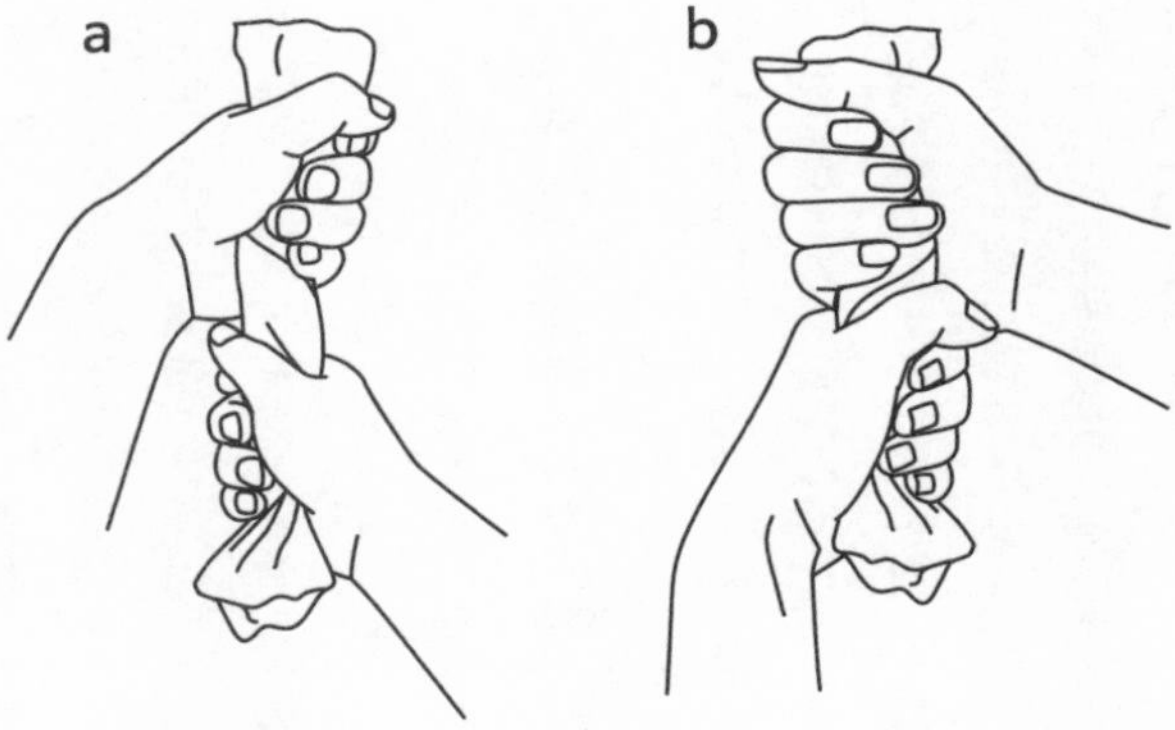

⑤　雑巾の絞り方
aは私と森部さんの絞り方、bは女房、尾﨑五段の絞り方

感動でした。ここにもいた、絞り方が変な人が。

早速に、女房とのやりとりを伝えると、森部さん俄然、反論する。

「いや、こうでないと力出ないでしょう」と。幸い道場の隅には練習後の清掃のための雑巾が積んであります。それをふたりで試しに雑巾を上下や左右にして、いろいろと絞り方を探っておりました。と、尾﨑五段が寄って来ます。尾﨑五段は当道場の四天王のひとり。薩摩男子にして男盛りの高段者です。

で、我らが絞り方を見ていて、怪訝そうに「それじゃ、力、入らんでしょう」と。「えっ⁉」と我ら。見れば、尾﨑五段は右の手のひらを上に、左を下に絞ります（イラスト⑤b参照）。女房と同じで、我らと逆です。「それで、よく絞れますねえ」と尾﨑五段が。

そんな小さな騒ぎを見ていて、気のいい道場生が数人、我らを囲みます。そして、「私は……」と雑巾を試しに絞って見せてくれます。五人ばかりでも絞り方はそれぞれです。雑巾の絞り方は事ほど左様に人によって違うのです。

更にゴルフのショートパットで真っすぐ強く打つために、方向と距離感を操る指三本（人差し指・中指・薬指）は半円の軌跡を何故辿るのか。そして、合気道、襟絞めからの四方投げは前腕の二本の骨を交差させ、手のひら返しから軸力（トルク）を得る。そこまで判る。しかし、この小さな極意から一体、合気道は何を学べというのでしょう。

稽古帰りの夜の道。私は月明かりの下、己の手のひらを見つめておりました。

下手の居場所をやっと突き止めました。さあ、下手を追います。

話は飛びに飛んでそこから数ヶ月、オチは読書でした。

まさかこの本を読んでいて、こんな章に出会うとは思いませんでした。

失礼なのですが、兎に角、それほど意外だったのです。

その本、黒川伊保子さんの『不機嫌のトリセツ』（河出新書）。『妻のトリセツ』で紙価を高めた人工知能研究者の著書のある章。「肘を使う人、手首を使う人」（135頁）。こんなエピソードが紹介してありました。

まだ七歳の男の子が発語障害で悩んでいる。話し出す声の始めで吃音《きつおん》が出る。どもってしまうのです。アとオで連発が出る。「アアアアカルイ、オオオオカアサン」とかいう塩梅です。イ、ウ、エは大丈夫でアとオのみ吃音が出る。何やら思うところあって、その男の子は縄飛びが下手と見抜いて言い当てた著者。この男の子は言葉の障害でなく口を縦に伸びやかに動かせない筋肉ストレスによる吃音と推測した著者です。そこでスポーツジムの整体の先生を紹介すると、ただの一回で縄飛びは跳べるように、吃音は見事に完治したといいます。

この「手首と肘」のテーマ、「手首を使う、肘を使う」、そして肩を使う身体の動かし方がこの男の子のストレスになっていた理屈が明らかにされます。

驚く勿《なか》れ、私の変な雑巾の絞り方、下手なショートパット、襟紋めからの四方投げの理合いまでを繋いで、同じ理屈が貫いていたのです。

著者による解説です。前腕の橈骨は人差し指に、尺骨は薬指に繋がっている。で、こまやかな仕事を手の指にさせる時、この二本の、人差し指か薬指か、そのどちらかを主役にする。で、人差し指を主役にすると橈骨と結ばれ、肘が司令塔になる。薬指を主役にすると尺骨と結ばれて、手首が司令塔に。日常の暮らしの動きは人によってどちらかのタイプに分かれます。それが「肘を使う人、手首を使う人」の二つのタイプになると著者は言います。二つのタイプは何気ない動きに、その人の個性として育ちます。

牛乳やコーラを瓶で飲む時、脇を開けて、肘を上げて飲み干す人。これに対して、紅茶を飲む時、脇を締めて、手首で唇に運ぶ人。この二つのタイプは他にも縄飛び、自転車のハンドル操作、鉄棒の逆上がりなどの時、実は「肘」か「手首」か、どちらかを主役にしているのです。この主役を取り違えて、「手首」の父が「肘」の子に脇を締めろと縄飛びを指導したことで、身体を縛られた子が唇まで伸びやかに動かせなくなった事が吃音の原因だったというわけです。で、我が身は「肘」タイプ、「手首」の女房と違う指を主役にしているわけです。これで解けます。

手のひらを空へ向けると前腕橈骨、尺骨は平行（||）。これを地へ向けるとXに交差して捻じれます。当然です。手首から肘は半回転するように構造化されているからです。だから、ドアノブが回せて、ワインのコルクを捻じ開けられる。パターを真っすぐに引けば、前腕は内へ楕円を描くのは身体の当然です。これを肩の位置を過ぎても真っすぐ引けば楕円の外へパターヘッドは外れてゆきます。この軌道で打てば、ボールにスライス（時計回り）の回転がかかり、カップの右へ外すことになる。当たり前の理屈です。

なるほどこれが下手に隠された極意でした。

更に合気道は手のひらを「空へ向ける」「地へ向ける」の手のひら返しから、軸力（トルク）を得て反撃の切っ掛けとしているのです。

合気道が説いているのは、この世にお前は知らないのに、お前の身体は知っていることがあるということです。

コロナ禍の日々、私は下手を極めるべく手のひらを睨んでおりました。決して無駄な時間ではありませんでした。

話があちこちに飛んで申し分けない。手首と肘と肩、この三つをぎゅっと縮めますと人差し指と薬指の話になったわけです。

「神は細部に宿る」とは建築家の言葉。同様に、ゴルフも合気道も雑巾の絞り方からワインのコルク栓の抜き方まで、手のひらの指先に極意は宿っているようです。

白帯の候に

暑い夏がやって来ました。六十代半ばで始めた道場通いです。白帯を締めて、道場生に交じる高齢入門者の一人となりました。天道館の指導ぶりは白帯に優しく、基本の技を黒帯が一対一で教えてくれます。

暫くの間、私の先生は事務方の黒帯、高橋さんでした。あの私を宅配業者と間違えた先輩です。風貌・印象とも柔らかな中年紳士ですが、稽古では熱き修業者に一変します。「入身《いりみ》・転換」という基本の技があります。半身に構えて、後ろに引いた足を踏み出してクルリと一回転する動き。ただそれだけの動きで、傍目に見れば、フォークダンスのようにも見えるのですが高橋先輩は厳しく、「手や腕で回ればダンスです。合気道は違う。腰で回る。丹田《たんでん》で正中線を立てて、クルリと回転する。すると自然と腕が身体に巻き付く。それが転換です」と、そのわずかな差異を熱く説かれる。それは合気道にとってとても重大な極意へのステップなのでしょう。しかし、それが何故、重大なのか。どう極意へ繋がってゆくのか、次のステップは何なのか一切教えて貰《もら》えません。「何故、そうしなければならないのか」は「それが出来た」時に判ることで「それが出来ていない」時に理解できる筈がないからでしょう。身体の動きを学ぶ、とはそういうことです。鉄棒に飛び付く力のない子には逆上がりのコツが判る筈ありません。

兎に角、美しく回れと先輩は言います。「武は円にして舞なり」とは管長の言。高橋先輩は、その言を深く読み解かれていたのでしょう。稽古で私の息が荒くなると、静まる隙間を待ちながらこう話された。「管長は技をビシッと決めることを、よく制すると仰る。敵を倒すとか敵に勝つではない。制するんです。柔道や空手と違うのは、合気道は勝つことを目標とはしないんです」。

では「制する」とはどういうことか。それも、まだ「制する」ことが出来ていないので教えて貰えないわけです。

でも、この道場は面白い。白帯にはリラックスを求め「そうそう」「それでいい」「出来ている」等、身を緩める激励が管長から届くのに対して、黒帯には絶えず身を引き締める叱咤《しった》が飛びます。特に、白帯が打ち所悪くうずくまったり、救急箱に走ったりすると管長は飛んで来て、血相を変えて、黒帯を叱りつけておられます。「注意が足りん」「なれ合うな」「油断が多い」など実に手厳しいものです。

で、その時もそうで、管長、この入門生と高橋先輩の指導ぶりをチェックに近寄って来られた。私の入身・転換を眺めること暫し、そして、ポツリと「いいね、出来てる」。そして、またポツリと「惜しいのは、少し前のめりになってるところ。少し背筋を立てるともっとよくなる」と。そう言い残して、他の道場生の稽古を眺めにゆかれた。ご指摘に感謝して一礼。見送って、再びクルリ、クルリと回っておりました。すると管長、道場をひと回りして又のぞきに来られた。私の入身・転換を見つめるとすぐに「又、前のめりになってる」と、指摘。高橋先輩は「出来てる」と褒めて下さっていたので、すぐに下を向いて沈黙。管長、高橋先輩を少し睨んで、「見ててごらん」と入身・転換をやって見せて下さる。

周りの道場生が稽古を中断して、次々と正座して管長の転換を見る。管長は言う「大きく、大きく回る。大きく回ると袴が開く。開くと袴の裾が遠心力で回転を手伝ってくれる。その力を袴から借りるんです」。この「袴から力を借りる」というのが絶妙の教えです。合気道は柔道、空手、カンフーと違い、道着の上に袴を着けます。これが足元にからんで中々、鬱陶《うっとう》しいものですが、管長のひと言で意味が判りました。入身・転換は「袴から力を借りる」練習ということになります。こりゃ、面白いですねえ。管長の指摘通り、回転の主体を自分にしない。私が回るんじゃない。袴の裾が私を回すと考える。そう考えただけで動きがガラリと変わる。その時がそうでした。転換が急に楽になりました。当たり前ですよね。「力を借りる」わけですから、私は先ず、「力を入れない」。私が力むと「借りる力」を感じ取れなくなりますから。

私が少し油断すると前のめりになる悪癖があるのはここまでの人生で「力を借りる」という体験が少なかったからか。「力を借りる」ことを良しとしない力みがあったから、そうに違いありません。唄を歌うにしても役を演じるにしても、ひたすら前のめりの熱演で通して来ました。その力みの余熱が六十五歳からの武道修業の躓《つまず》きになっている、と直感したのです。「袴から力を借りる」のひと言で、ここまで考えさせられました。私は呆然とする思いです。だって私は私の身体の力みについてこの年まで何も気付かなかったのですから。

私はここから私の身体に向き合うことに、初めてなったのです。

柳に風

白帯の頃、兎に角夢中で武道論を読み漁っておりました。現代もこの国、日本には様々な武道家の方がおられ、その道ごとにそれぞれ理屈が展《ひろ》げられています。私はその中で、内田樹さんの「合気道」の理屈が面白くて堪《たま》らず、読み耽っておりましたが、「師」とも仰ぐこの方の文章は時として、突然難解になります。こんな文章に出会いました。難解ゆえに大学ノートに書き残した章句です。内田師範は「合気道」という武道をこう説いておられます。『私の身体は頭がいい　非中枢的身体論』（新曜社）47～48頁より。

なぜ「合気道」と言うのかといいますと、「合気する」という武術の用語があるのです。

（中略）

相手の身体の生命リズムを「見切って」、それに「乗って」仕事をする、ということではないかというのが私の私見であります。

「合気される」というのは武術的には「負ける」ということでありますから、武術的な身体運用においては、どうやって「合気されないか」、つまり、自分の身体リズムをどんなふうに「乱調」させておくか、どうやって自分の身体を「ランダマイズ」するか、ということがたいせつになってくるわけです。

まあ、何ともややこしい武道論。読み返しては首を捻《ひね》っておりました。「合気される」がつまり「負ける」こと。それは、つい先月高橋先輩が言った「制する」者によって、「制された」者と解釈しましたが、その後ろの文章の意味が判りません。内田師範は「合気されない」者、つまり「勝つ」者になるためには、身体リズムをどんなふうに「乱調」させるか、「ランダマイズ」するかに、あるという。なんでしょ、この一文。「ランダマイズ」を辞書で引けば、法則性なしとか予測不可能とか無作為とかあります。

何故、「乱調」や「ランダマイズ」が「合気されない」、つまり「勝つ」者の条件と説くのでしょうか。「乱調」の反対語の「順調」や、「ランダム」の反対語の「シークエンス」「順番通り」

「時に随《したが》う」者こそ「制する」者の条件ではないかと思うのです。

何故、武道論の「師」と仰ぐ人はこんな逆説に満ちた、ややこしい言い方をするのでしょうか。どう読んでもこの理屈は頓珍漢でしょう。で、大学ノートに書き置いてそのままにしておりました。そしたら、すぐにこんなことがありました。ここからは「武道論」を離れて、エッセイです。


白帯の道着、袴、タオルや代えの下着を詰め込んだトートバッグを提げて家を出ようとしたら、女房の機嫌がよくありません。ムッツリと膨れておられる。朝から白シャツに食べ物の汁が点々と染みになっていたことで抗議があり、午後も家のあちこちにコーヒーカップの底の輪染みを残したことで叱責を受けました。夕刻になって、「道場にゆく」と告げると「その稽古で汚れた汗まみれの道着はどうするの」と訊いてきましたので「洗濯、頼む」と言いました。軽く命じた、その物言いが腹に据えかねたか女房、「そんなでっかいものが洗濯機に入ると思ってるの。自分で手洗いしなさい」と来た。こちらもついカッとなって、「なんだ、その言い方は!」とそうなる。

還暦過ぎの夫婦喧嘩は陰気なもので、後は両者、ムッツリと黙り込むだけ。で、最悪最低の気分で家を出たわけです。思えば「道場通いを始める」と伝えた時から女房殿の機嫌はよくないのです。理由は簡単で、私は当時六十代の半ばにおり、その歳から武道稽古を始めるわけで、まあ誰が見ても、「年寄りの冷や水」という図です。いつまで続くか、その気紛れに付き合わされる騒がしさが彼女を不機嫌にしているのでしょう。

判らぬでもないが、こちらも積年の謎を解くために旅立った武道修業。

何か、ひとつくらい技か、極意を手にしたい。私は私を変えることが出来る、その手応えを感じたいのだ。

でも確かに多くの友らは現場の最前線を去りつつある年齢です。

街でバッタリ会った旧《ふる》き友も奥方を伴い温泉旅行へゆく話題を残して別れました。

それが老いのシークエンスです。なんとも老いの流れに乗れない私なのです。

女房の機嫌を斟酌《しんしゃく》するなら、同年の友らがゆく方角です。果たして「年寄りの冷や水」を心配する女房殿と口論してまで、ゆくべきか、この武道修業は……。

年毎に私の身体に「老い」は降り積もってゆく。私の命の当然です。しかし「年寄りの冷や水」という一語はひどく心を萎《な》えさせました。

で、道場です。ここからまた武道論です。

入身・転換で身体をほぐした後は、全体の稽古に参加させて貰い、「四方投げ」という、合気道の代表的な技を教えて貰います。「敵」を演じてくれるウケは私の手首を取り、背後に回り込んで道着の襟を取り、私を絞め落とそうとします。トリの私は、その手首を撥ね上げて、ウケの腕をくぐり、入身・転換。背中合わせの体勢で、ウケの腕を捻り上げたまま、真下に振り下ろします。

後頭部を強打させる強烈な技です。

決して急がず、注意してやるよう、管長から注意が飛びます。それほど危険な技なのでしょう。で、黒帯の先輩の指導を受けつつ、「四方投げ」をくり返しておりました。

初心者の私などは下手くそなフォークダンスみたいなもんで、ウケと手足がからんでモタモタしていますが、黒帯同士のウケ・トリとなると技は流れるようにスムーズで、殺気が滲みます。

管長が巡回に来ました。「いいよ、いいよ」と私如きを気にかけて調子に乗せて下さります。しかし武道家、暫し眺めて、「力が入っとる。力を抜けばもっと良くなる。それが出来たらすぐ強くなれる」と。私の欠点、「力み」の指摘です。

これが難しい。そしてこれが判らない。仮想の敵と格闘しているわけで敵は腕を引き、後ろに回り込んで首を絞めようとしている。その敵に対して、力も入れず、抗わず、倒すことなど出来ないと思うわけです。ある程度の力技は格闘術である限り、必要ではないか、との反論が胸に蟠《わだかま》ります。その思いがくすぶり、首を捻りながら技、くり返しておりましたら、手が鳴って、管長、前へ。道場生、列を揃えて正座。

するると管長、若先生を相手に「四方投げ」を見せて下さる。殺気に充ちているが、柔らかな手本をくり返しながら、朗としてその理合いを説かれる。

「合気道はぶつからない。相手が手を押さえて引くなら、引かれればいい。合気道は逆らわない。逆らわず、その力を借りるんです」。

そして、ここから絶妙のたとえを語られた。

「たとえば、柳の木は風とケンカせん。吹かれれば揺れる。揺れることで幹を守る。鳥は風とぶつからん。風が吹いてきたら、その風で飛ぶ。魚は水の流れに逆らわん。その流れで自在に泳ぐ」と。

深々と考えさせる言です。管長は私が「敵」と呼ぶものをそう呼ばない。それを「相手」と呼び、「風」また「水の流れ」と呼ぶ。つまり合気道は「敵」の想定が他の武道とまるで違う。私の力みはそれを「敵」と呼ぶところから生じているのでしょう。管長は合気道の、そこを説いておられるのでしょう、多分。では、「敵」とは如何なる者か、考えました。

私を倒そうとする者、私を支配しようとする者、私を阻む者、私の生き方を否定する者、私を不快にする者……と、いうことになる。「敵」を規定してゆけば、洗濯で口論した女房や同じ時代を生きた旧友までも敵に回すことになる。それだけではない。年毎に老いてゆく己自身も、敵と呼べる。これは確かに息苦しい。故に管長は「ぶつかるな」「逆らうな」と言う。「敵とするな。それはウケである。それは風や水の流れである。あるいは袴の裾である。『力』を貸してくれる協力者と看做《みな》す。そう看做す技術が合気道である」。

なるほど、です。「力」を貸してくれる人と出会っているのです。私ねえ、その時、涙ぐんでしまいました。道着の洗濯は自分でやろうと思い、あの内田師範の言葉を思いました。

自分の身体リズムをどんなふうに「乱調」させておくか、どうやって自分の身体を「ランダマイズ」するか

この難解な文章がハラリと解けた気がしました。

鳥や魚が風や水の流れにそうするように、流れに対して従うばかりではない。逆流に抗いつつ従う。それで反転する自在を得るのがイキモノである。「寄る年波」に流されず、随わず、時に抗う「乱調」「ランダマイズ」によって、「寄る年波」から自由自在を借りるのです。多分、そう説かれておるのでしょう。「理合いの師」と「実技の師」が違う言葉で同じことを言っておられる。そう解いてみて、嬉しかったのです。合気道を選んだことは間違っていない。その合気道がもうひとつ教えてくれたのが、女房もまた逆流であって、決して「敵」ではないとい

う理合いです。

自分を齢の順序に並べない。乱調をめざし、「加齢」を敵とせず、いつかそこから力を借りる極意を得てやる。

そう思うと、胸中に夏雲のようなもの立ち昇って来た、白帯の候でした。

木刀を振る

さて、武道修業に旅立って数ヶ月。夏、秋と過ぎて冬の頃でした。働き盛りを共に生きた旧友と再会しました。それは、テレビ局のスタジオ、仕事現場でのことです。何を相談しても静かに聞いてくれるよき相談相手の親友でしたが、会って、いささかたじろぎました。彼、白髪の老人になっていました。六十半ば過ぎ、加齢は当然ですが何もそこまで白くなることはないだろうと思う老け込み方です。

まるで「老い」を我が身に吹き付けてファッションにしているようです。すぐ後ろにマネージャーとして奥方を従えています。老いの演出はこの奥方の手によるイメージ作りか、彼も納得し、奥方と二人三脚で円満なのでしょう。ならば、私が物申す筋合いに非ず。

なるほど、奥方と二人三脚、静かな翁《おきな》・媼《おうな》で、寄り添う姿は人生の実りでしょう。

しかしそれは奇跡のようなことだと思う。「老い」とはそんな容易《たやす》い相手ではない。この人生で夫婦が足並みを揃えてゴールすることなどほとんどない。「老い」の二人三脚は確かに美しい。しかし、その姿を装ったり、演じたりすることは美しいことではないと思う。日本昔話のおじいさんとおばあさんは必ず、「山へ柴刈りへ」と「川へ洗濯へ」に分かれて働く。

これが日本では最もポピュラーな老夫婦の暮らしぶりではないか、と思うのです。しかし、老いの坂道に到って、その友はすっかり奥方殿に籠絡《ろうらく》されているという事実。若き日はワンマンな起業家として、あるいは数十人のスタッフを従えたクリエイターの彼が一線を退いて、老いの始めで奥方に仕えているように見えるのは何故なのでしょう。

で、我ら夫婦はと言えば「ジョンとヨーコ」のようになれずトイレの使用で「立つか座るか」の闘論が続き、女房殿の不機嫌は続いています。

そんな冬のある日の道場です。若先生の指導の稽古で木刀を振っておりました。この稽古はやや猫背には、よき矯正になり夢中で振っていました。

道場には木刀、短刀の木刀、そして杖《じょう》と呼ぶ棒が常備されており、時に木刀を振り、短刀で刺す、刺されるの攻守、あるいは杖で相手の腕を巻き取り、地にうつ伏せに制する技を教授されます。

素手で相手に対《む》かう合気道ながら、半身に構えたその構えは手に幻の剣を持つという想定で動きます。

ですから、身体を動かすその理屈は、この幻の剣を操る理合いとなります。

片手を横に払う動きは相手を撫で斬りにする刀剣の動きで、また小刀で突いて来る相手の殺意に合気して、殺意をエネルギーとして「敵」から借りる。「幻」の剣を護身の武具とし、また仮想「敵」の殺意からも力を借りる身体運用の術が合気道です。兎に角、武道論は十年以上しっかり内田師範の本を読み込んでおりますので、ただ木を振るだけでもここまで理屈っぽくなる私をどうかお笑い下さい。この理屈を、振り回すうちに意外なものに理屈が繋がってゆきます。その面白さが合気道です。

で、兎に角木刀を振っていた。稽古終わっても、背筋の矯正で振っておりましたら、黒帯高段者の松村先輩が声をかけて下さる。松村先輩はやっと四十代半ばの若さにある先達で稽古の時、とても判り易く理合いを解き、説いて下さる。老頭児《ろーとる》の私に有り難き先輩。その松村先輩が木刀振りを見て下さり、こう仰った。「武田さん、もっと軽く」。

また力みの指摘です。力を抜くとは何という難しさでしょう。で、松村先輩は言う、「腕の力で木刀を握って、振り上げて大上段から斬り下ろして下さい。出来るだけ力一杯握って、振りかぶって斬り下ろす」。

力を入れている手のひら、腕、肩にもう一度、力を込めて数度斬り下ろして虚空を斬りました。すると松村先輩、「途中で私が合図を出しますから、その通りにして下さい」。何かを試すつもりです。指示に従い、数度、力一杯木刀を振り下ろす。上段から踏み込んで、振り下ろし、止める。振り下ろし、止めるをくり返すうちに、木刀を振り下ろし止めた途端に松村先輩、一喝、「左手を外して！」

声に従い、握った木刀の左手を外す、と……木刀の先が、ぶるぶる震えて上下左右へと暴れるのです。まるで、心霊現象です。握った木刀が私の意志でなく勝手に、その剣先を躍らしているのです。

松村先輩、その理合いを解きます。

「手や腕、肩に力を入れると、その力の分、握っているものが刀であれラケットであれ、クラブであれ、コントロール出来なくなります。片手を外すと暴れ出します。ではどうするか。落とさぬ程度で、柔らかく握ることです。すっぽ抜けない力で握って、上段から斬り下ろしてピタリと止める」

やってみます。手・腕・肩から力を抜いて最小の力で握り数度、振り下ろす。で、下ろして止めたその時、松村先輩、「左手、外して！」の一喝。左手を外す。なんと全く震えない。剣《けん》尖《せん》はピタリと止まっている。なんという極意か。私の頭の中、雷鳴が響き、稲妻が走ります。私は全く同じことを三十年前、日本有数のゴルフの名門コース、静岡・伊東の川奈ゴルフコース、その何番目かのホールで、あるプロに指摘された記憶が稲妻の放つ光に浮かび上がったのです。柔らかく、すっぽ抜けない力で握って下さい、クラブを。今の三分の一の力で充分です、と教えられた。

あのプロは……そう小達《おだて》敏昭プロです。彼の姉が高名な女優、夏目雅子さんで、共演の仕事仲間。で、私のあまりの下手さに姉の仕事仲間である私に格別の配慮を寄せて下さったのでしょう。しかし、プロゴルファーの彼からこれほどの箴言を戴きながら、なんだかしっくり来ずにその後、聞き流してしまったのです。案の定、さっぱり上達せずにもう諦めてしまったゴルフです。それから三十数年後、同じ言葉に合気道場で再会したのです。

「失敗」こそ私の資源です。私の下手は実は武具である木刀を、あるいはゴルフクラブを必要以上に強く握っていることに起因していると判ったのです。

何故、強く握ることは下手に直結するか。それは、片手を外した時、上下左右に震える剣尖の躍りが示す通り。

何か身近にあれば、棒かあるいはクラブでも結構。振ってみて下さい。この極意を是非お試し下さい。道具に対してこれを力で操ろうとする時、道具は反対にその人のコントロールからのがれて暴れ始めます。何故か。道具はそのように構造化されている、と内田師範は著作『私の身体《からだ》は頭がいい』（新曜社）で武道論を展げています。その頃、その本のその頁には私のために書かれたとしか思えない文章がありました。

その59～60頁です。

武具はそれを「使おう」とすると、それに「使われ」、それを「操ろう」とすると、それに「操られ」、結果的に道具が主、人間が従になるように構造化された「謎」なのである。

これが「謎」であるということを理解せず、単なる「道具」だと思って稽古する人は、必ず「道具の道具」になる。

これは考え込む指摘です。つまり、強く振り過ぎることによって際限もなく「負」のスパイラルに自らを突き落とすことになると叱っておられる。これは刀剣についての心構えを説いておられるのだが、その「負」のスパイラルを凄みのある例をもって解いておられるのです。

おそらく、古来の「妖刀」や「魔剣」といった伝承は、術技気構えの及ばないものがなまじな道具を手にすると、「道具の道具」になって身を滅ぼすことになるという訓戒が込められているのである。

と、いう。ただの木刀を振っている白帯のくせに「妖刀」「魔剣」の恐ろしさまで心配することはない。でも、この時、私、この武道論が「夫婦論」とも読めたのです。そう、バッタリ職場で再会した旧友の老いに飾られたものを感じ、違和感を抱いた時、この「魔剣」の例がすとんと腑に落ちたのです。

何も骨董品じゃあるまいし、老いを吹き付けることはない。

なるほど夫婦揃って老いてゆく姿は美しい。しかし老いは飾ったり演じたりするものではない。そう思う。まして、お互いが判り合っているなど自惚《うぬぼ》れぬ方がいい。夫婦として何十年、共に過ごそうとも、分かり合えないところが夫婦の面白さである。私はそう思う。ピタリと重なる指摘が刀剣について語る内田師範にあります。

「私はこの道具をどう操るか（刀の操り方が）、分かった」というような人間の賢しらを武具は許さない。

「私はこれをどう使ってよいか分からない」ことを認める恭謙なる修業者だけが道具の与える「謎」から無限の武術的知見を引き出すことができる。

［（　）内は著者の補注］

そうです。私は恭謙《きょうけん》なる修業者でありたい。女房が与えてくれる「謎」から無限の英知を引き出したいと思っています。女房殿の名誉のために書き足しておきますが、私の女房殿は決して「魔剣」ではありません。更に、真っすぐ打とうと操ろうとして右や左へボールを曲げる、ゴルフクラブでもありません。但し、パートナーでもベターハーフでもない、そんなベタベタしたものではありません。彼女を正確に言えば私の「運命」です。決して思い通りになるなどと油断せず、節度をもって接すべきとこの齢になって思い知りました。

で、木刀を振り終わり、冬とはいえ、汗にまみれた道着と共に帰宅。すると、その女房が道着を見て、「洗うわよ」と軽やかに命じます。「判った。今から風呂場で洗うから……」。手で洗う手間を煩わしく思いつつ項垂《うなだ》れました。

稽古が終わって、道着の洗濯を風呂場で屈《かが》んでやるのはくたびれますから。しかしこればかりは自分でやると女房に宣言したばかりです。億劫になりがちな自分を叱って、そっちへゆこうとする私ですが、女房が止めます。「ちがう、ちがう」と。まさか……この面倒を代わってくれるのかと振り向くと、「もう手で洗わずに済むわよ」と言う。なんと、これほど大きく重量のある道着ですが、我が家の洗濯機で対応出来ることが女房の実験で判明したのです。あな、嬉しや、これでしゃがんでしんどい洗濯から解放されたわけで……と、女房にお任せしようとすると、今度は厳しく「ちがう、ちがう」と否定されました。

彼女の手のひらに呼ばれ、導かれ、洗濯機の前へ。そこから、彼女の洗濯機の操作の伝授が始まったのです。新しい技です。なるほど見事な家事道です。節度をもって、決して「分かった」などと思わず「謎」としてのこの人と共に生きる覚悟です。何も円満を演じることはない。日々、お互いに違う場所で働きつつ憩う場所が同じなら、それを円満としようと思う。日本の昔話の通り、おじいさんは山へ柴刈りに、おばあさんは川へ洗濯へ。山と川へ分かれて働くおじいさんとおばあさんでいい、我ら夫婦は。

木刀を振る極意から学んだ、私の夫婦道です。

「運」という技術

うなされる夢に断崖から墜落というパターンがあります。

岩壁に横一文字、抉《えぐ》っただけの細道があり、足裏で探りつつ渡るのですが、段々と乗せる足先が狭くなるというあの悪夢です。落下あるいは墜落とは人間の脳裏に刻まれた恐怖体験なのでしょうね。

脳裏だけでなく、日本ではその恐怖は地名にも刻まれておりまして、北陸道には親不知《おやしらず》・子不知《こしらず》という難所があります。

親子で庇《かば》い合い、助け合いながら渡れる岩場の道ではなく、我が身のことで精一杯になる難所ということです。

更に四国山地の吉野川激流の岩壁には大歩危小歩危《おおぼけこぼけ》の難所があります。大股で歩いても小股で歩いても危ないという意味で、もう運に任すしかない観念、覚悟の難所です。あるんです、人生にも大歩危小歩危の難所が。

振り返れば、千尋の谷に架かった吊橋をよくぞ全力で走り抜けたもんだと我が身のことながら、ゾッとする体験。運がよかったとしか言いようのない体験ながら、偶然やまぐれ当たりではない「運」というものがあるようです。

そんな格別の「運」について書きます。

自分のことはここでは使いません。自分の運を語ると少し盛り付ける力みが筆先に籠《こも》りますので、私の場合をここでは使いません。他人の「運」について観察しましょう。

私には「運」について、その大学ノートに考察し続けた頁があります。それをネタに「運」について綴ります。ここで取り扱う運は、「運」です。小さな「luck」や宝くじで五等が当たった運ではありません。あそこで人生が変わったとか、命が助かったとか、歴史を変えたとかいう「運」のことで、運と書き分けます。

「運」について、様々な体験をなさった方に「雀鬼」と呼ばれる稀代の勝負師、桜井章一さんがおられる。

この方が愛弟子の実業家、藤田晋さんと「運」について語り合った対談集を読み耽ったことがあります。

平成27(2015)年春のこと。大型書店の新書の本棚に見つけたのが、『運を支配する』(幻冬舎新書)で我が身の「運」と照らし合わせて睨むように読みました。

六十の半ばを過ぎて、私はまだ「運」が欲しかったのか、私が運と呼ぶものと彼らが語り合う運が似て非なるものか否か、確かめてみました。

まあ、ピタリとは言えませんが、御両人の「運」の体験に限りなく近い私の体験もあり、使えます。以下列記します。

いつかあなたが「運」が欲しいと思った時、呼び寄せる技術になると思いますので、どうぞ御記憶下さい。

では、「運」について肝に銘ずべきこと。桜井さんは「運」という技術をこう語っています。

・負けの99%は自滅。このことは麻雀に限らず、スポーツでもビジネスでも生き方でも、人が関わるすべてのものにいえることではないだろうか。(33頁)

・人間の能力を100%引き出せるのは、残念ながら、夢や希望に燃えているときではありません。むしろ逆で、危機的な状況に追い込まれているときに100%の力が出せるのです。

・本当の勝負所というのは、ピンチの中のピンチ、圧倒的に不利な状況のときにこそ訪れる。（40頁）

（66頁）

そう、これです。運と「運」を使い分ける理由です。お稲荷さん、恵比寿さん、霊感占い師にお願いするのが運ならば、「運」にはすがる神仏がありません。「運」を磨くのはピンチのみ。人生に必ずやって来る「不運」ばかりの仕事、「不信」しか抱けない仕事仲間、「無理解」な身内等……もう呪われているとしか言いようのないピンチが続々とやって来ます。

この大歩危小歩危をどう渡るか。桜井さんは言います。「迷うなら、決断するな」。頼れるものはひとつ。この危機を導いてくれるものは、己の直感のみ。それも、邪念のない澄み切った直感のみ。抽象的かもしれませんが、最後はやっぱり、己の内にあるものに頼るしかないのです。そんな直感をもった自分を普段から鍛えておけ、とこの勝負師は言います。

どうするか。

桜井さんはこんなことを言っています。

ザッと要点を抜くと……「普段から仕事に大小をつけない。『運』というヤツは雑用を軽んじる奴から逃げてゆく。手抜きはするな」、と。

耳の痛い言葉です。次に努力にこだわると成長は止まる。これ肝に銘ずべし。こりゃ、身に覚えがあります。何度も努力に自惚れて痛い目にあったことがあります。人は自分の努力を測る時、必ず多めにサバを読みます。人間の性《さが》です。この過大評価は他の人を見下す癖をつけます。一番努力した者が一番を約束されたわけではありません。勝率を上げるが、成功は保証しないのが努力です。

桜井さんはざっとそんなことを言っています。

では、「運」という技術をどう研《みが》くか。

先ずは己の努力を測らぬこと。己の努力を決して数字にして記録したり、プラスやマイナスという単位で数えないこと。努力は血圧や尿酸値ではないのですから。

澄み切った直感というのは、どうすれば手に入るのか。この本からそれ以上搾り取ることは出来ませんでしたが、この「運」の続きを通う合気道場で聞けたのです。コツコツと努力はするものですね。大学ノートにそのことを記録しています。

それは白帯で、一年目を過ぎた稽古の時でした。我らが道場、天道館は東を向き、西に背を向けた建物でして、夕焼けの頃は開け放った道場の窓から三軒茶屋の町並みを見渡せます。

秋の夕日が町並みを影にして、西空一杯にミケランジェロが描いたような雲が拡がる、そんな時刻のことでした。管長の手が鳴り、稽古が止まりました。管長は理合いを解きます。我ら道場生、一列に正座。その武道論を拝聴するわけですが、管長の語りはいつもザックバラン。「合気道の真ん中にあるのは気です。だから大事なのは気です」と言われる。なるほど箴言だとまなじりを決して、聞き取っておりましたがよくよく考えてみれば字面通りを語っておられまして、素直に聞くのが一番。荒い息をこの隙に整えておりました。

その日、語り始められたのは、合気術の理合いを離れて、何故現代にあって、刀剣の世に生まれた武道を学ぶのか。命を賭けて闘うことなき平成の世にあって戦国の天正や慶長の合戦から生まれた格闘術を何故、我ら稽古しているか、と問われます。

そう言われればそうです。この先、関ヶ原の合戦や巌流島の決闘がスケジュールに入っているわけでもなし。

この先、待つのは地方のコンサートと明日はテレビバラエティー番組で、ここで教授された格闘術を使う予定は全くありません。しかし理由は判らず、高齢者の年齢になって私は入門しました。それは直感でした。私の中の一番澄み切った直感が差し示した方角が合気道でした。

道場生一同、それぞれに思いを胸中に沈めながらその何故を自問自答していると、管長は懐かし気に口元を綻《ほころ》ばせて、「翁先生のことですがね……」と語り出された。翁先生とは合気道開祖植芝盛平のこと。明治16（1883）年、和歌山県西牟《む》婁《ろ》郡に生まれ、虚弱ながら柔術や剣術を学ぶと、見る見るうちに異才を輝かし、田辺の野山を裸足で走り続けるなどの独自の工夫を凝らして武道修業に打ち込んでいきます。

その修業時代にこの人は明治の絢爛《けんらん》たる人脈の中を彷徨《ほうこう》しています。講道館柔道の嘉納治五郎《かのうじごろう》と語り合ったこともあり、武道の道へ進んだのは宗教家の出口王仁三郎《でぐちおにさぶろう》の勧めがあったればこそ。

更に大東流の達人、会津藩の武田惣角《そうかく》への弟子入り、そして同郷の先輩、博物学の南方熊楠《みなかたくまぐす》との交情などもあり、大いに愛されています。

又、日露戦争を指導した海軍大将、山本権兵衛の前で演武を披露。皇族・華族・軍人への武術指導を熱く乞われています。開祖はどうにも人との巡り合いの「運」が強い人だったようです。この開祖の最後の弟子と呼ばれているのが、我が管長で、最晩年の八十代の開祖に二十代の若さの管長は内弟子として仕え、青春を過ごされています。説明、長くなってすみません。「運」の話です。

その管長が開祖植芝盛平を語ります。

「ある日のこと決闘を申し込まれた。相手は古武術を修めた柔術家です。やっと昭和という新時代が始まったばかりの頃ですから、武道は荒々しい時代です」

その人物は胸板は厚く、格闘の肉の鎧を着込んだような人物です。身の丈は六尺（１８０センチ）を超える大男に対し、植芝は五尺二寸（157センチ）、当時の平均の身の丈。武道家として名をあげる植芝を妬んでのことか、決行されれば血を見るどころか生死を賭けた私闘になること間違いなし。

弟子たちが案じる中、植芝はその決闘を受けたそうです。

そしていつもと変わりなく弟子たちと稽古を続け、己の道場で決闘の相手を待ったといいます。

それはいつも通りで、黙々と稽古をくり返す堂々たる日々だったのでしょう。

やがて、その日。申し込まれた日時に植芝は道着に袴姿で彼を待ち、弟子たちも唇をかみしめ、拳を握りしめて待ったでしょう。そしてその時……ところが決闘を申し込んだその相手が来ない。その刻は過ぎ、待てど暮らせど来ない。植芝は静かなまま、その日をいつも通りの稽古へ戻したそうです。

収まらないのは見守った弟子たちで、「約を違えた」「逃げたのだ」「先生の勝ちだ」と騒ぐ。しかし植芝はこの事を道場の外で口外せぬように命じたようです。

それでも収まらぬ弟子がいて、師に問うた。「先生は大兵《だいひょう》肥満《ひまん》のあの者に対していかな技で応じるつもりでしたか」と。圧倒的肉体差を師はどの技で凌《しの》ぐつもりだったのか、待たされた興奮の鎮まらない弟子はどうしても聞きたかったのでしょう。その時、植芝盛平はひと言、「私は運が強い」とのみ語ったそうです。

この運はラッキーとかまぐれではありません。偶然から生じたものではないようです。

植芝は武道修業によって獲得された技として「運」という名で語ったのでしょう。その「運」は合気道のことでした。

管長はこの昭和初めのエピソードを先輩たちから聞かされて、「開祖は弟子たちに何の為の武道修業か、教えたんでしょう。毎日、毎日汗を惜しまず稽古に明け暮れている。気を鍛えるとか力を付けるとかめざすものがあるんだろうが、一番は運を磨く。そういう不思議な力を付けるための稽古です」と。やっぱり運ではない。「運」ですよね。そんな奇特な武道がこの世に存在するのですね、ホントに。

この話、聞きながら思い出した人物があります。運ではなく「運」がピタリと重なります。正に「運」を象徴する人物です。思い出した小説は『燃えよ剣』(文藝春秋)、司馬遼太郎による時代小説です。主人公は新選組副長、土方歳三。この悲劇の剣客に不思議な運をもった青年が絡みます。二十二歳の若者、東郷平八郎です。司馬遼太郎は後に、連合艦隊司令長官になって日本海海戦という戦史に特記される海戦を指揮したその人物の初めての海戦を、この小説の中で詳しく取り上げています。

この人物の初めての海戦は倒幕のためでした。慶応4(1868)年正月4日朝、鳥羽伏見の戦いのために兵庫港にあった薩摩軍艦「春日」はここを離れて藩地へ帰港のため阿波沖を通過中。運悪くもこの海上で幕府軍艦「開陽」に遭遇。「開陽」は日本最大の軍艦で艦長は西洋の海軍技術を学び帰国したばかりの榎本武揚《たけあき》。「春日」と「開陽」は犬にたとえれば豆柴とシェパードほどの体格差。「春日」は小型を利に必死で逃げるが「開陽」は追跡、ついに1200メーターの近距離に接近して、榎本艦長は右舷、十三門の大砲で砲撃開始。艦のスケール、火砲の威力、操船技術はすべて「開陽」が優れているのに、十三門の砲撃が集中しても「春日」に一発も当たらない。撃ち出す砲弾のすべては「春日」の前後左右に水柱をあげるのみだったそうです。

この危機にあって、「春日」の左舷にいた二十二歳の若者、東郷平八郎。彼は波のしぶきに濡れながらこつこつと四十斤施条砲、大砲というより、やっと火砲と呼べる程度の一門を操作。そして「開陽」に反撃を開始。ひとり、自らが操作し、火蓋を切ったのですが、この一発目が「開陽」に見事命中。「開陽」の甲板上の装備を吹き飛ばし人影数名を虚空に弾き飛ばした。

東郷はここから黙々と施条砲を操作、第二弾、第三弾のいずれも命中させて、「春日」の反撃を奮い立たせています。この海戦は日本において洋式軍艦による最初の海戦であり、近代戦の始まりです。しかし科学が支配するといわれる近代戦で特筆すべきことは操船に熟達しているはずの幕軍「開陽」による百発に近い砲撃が一発も命中しなかったという事実です。これに対してやっとマグロ・カツオ船程度の薩軍「春日」の砲撃は悉《ことごと》く命中、特に左舷甲板から火砲を操った東郷三等士官は全弾的中させたという事実が残った。その上に、その翌年、この若者はまたドラマを起こしています。

東北は岩手の宮古湾に結集した官軍艦隊八隻。明治2（1869）年5月6日の早暁、この艦隊に奇襲をかけた幕艦がありました。なんとアメリカ国旗を掲げて接近、オブザーバーの傍聴艦と見せかけて八隻の敵艦に頬ずりするように接近。

実は幕艦「回天」で、接舷襲撃、敵艦のっとりというほとんど海賊のケンカ戦法。この戦闘の斬り込み隊長がかの新選組副長、土方歳三です。度胸は満点の男で接舷と同時に、アメリカ国旗を降ろして幕艦旗の日の丸旗をあげて機関砲、擲弾《てきだん》なる手榴弾を投げて、白刃かざして斬り込み始めた。官軍はあまりの敵の近さと味方艦がひしめき合っているため射撃が出来ない。官軍の大混乱の中、勇躍と斬り込んでくる土方隊で、先頭で斬り込む土方が誰の眼にも、信長か義経に見えたでしょう。

意表を突く見事な奇襲ですが、ひとりこの不運から外れた若者がいたのです。この戦闘の最中、土方隊を射撃できる射角に浮かんでいたのがあの「春日」。その左舷一番砲のみが「回天」を射つ事が出来る一点でした。で、そこにいたのが、東郷平八郎です。この静かな青年は誰に命じられたわけでもなく、また黙々と火砲を操作、この火砲の二弾が味方艦の艦橋やマストを縫って飛び、「回天」の甲板建造物をなぎ倒し、人員を吹っ飛ばして土方の吶喊《とっかん》を沈黙させたのです。

この被弾により「回天」は函館港へ逃げ帰ることになるのですが、この時、この事実をしっかりと見ていた人物がおりまして彼は東郷を忘れませんでした。


それから三十五年後その東郷を思い出したのが、見ていた山本権兵衛でした。

それは日露戦争直前のこと。

欧州世界の大国ロシアが傲然とアジア、日本海に南下を始めた。軍事大国であるロシアはやっと世界史に登場したばかりの新興国日本を歯牙にもかけず侵掠を止めない。公式文書でも日本人を「猿」と呼んだというロシアは恫喝《どうかつ》を対日外交の顔としている。

明治政府は密かに開戦を決意。それにしても勝ち目は全くないと世界は見ていた。事実、その通りで陸においては猪突の陸軍、コサック騎馬隊あり、海では世界最大のバルチック艦隊をもつロシアです。日本の苦悩は深く、特に海軍において、誰に指揮を委ねるかは明治帝も悩ませる人選となったようです。

そして海軍大臣。山本権兵衛はついに決断、明治帝にその名を奏上します。その名こそが東郷平八郎でした。

しかし、東郷といえば予備役直前の、間もなく定年退職の初老の中将でした。還暦直近の軍人の選出人事に明治帝も不安だったのでしょう。山本海相にその選考理由を下問なさった。その時の山本海相の説明がこうです。

「ここに幾人かの候補者がいます。技術は甲乙ございませぬ。ただ東郷は、運の憑《つ》きがよろしゅうございます」と。

一人の軍人の運に国家存亡を賭けたのです。これはもう、運と気安く呼べるものではありません。正に「運」です。東郷はこうして連合艦隊司令長官に任命され、明治38（1905）年5月28日、日本海対馬沖でバルチック艦隊を迎え撃ちます。連合艦隊はこの海戦で戦史に残る勝利を得ます。これほど見事な勝利の記録は戦史にこのひとつしかありません。日本は水雷艇3隻の被害で戦死117名、戦傷583名ばかり。対してロシアは軍艦21隻沈没、戦死者は5000名を超え、捕虜6000人以上という壊滅の敗北でした。

東郷はこの勝利の後も恬淡《てんたん》として、まるで人目を忍ぶような挙動で戦後を生きたそうです。運を無駄に使うことなく、すべての運を海軍に注いだのでしょう。

雀鬼で勝負師の桜井章一さん、合気道開祖植芝盛平、日本海海戦の東郷平八郎の「運」を並べてみました。確たる主張あって書き出した文章ではありません。勝敗や盛衰、あるいは生死を賭けて、渡らねばならない大歩危小歩危の難所が人生にあります。そこで唯一、頼りになるのは己一人で磨き上げた「運」という技術。それは毎日の暮らしぶりの律儀さで磨くしかないものです。

ただ「運」について、我が管長の言は忘れ難く。いわく、「後ろから縋り付くようじゃ駄目。運を掴まえる時は前に回り込んでしっかり襟を取る」だ、そうです。なるほど、その気迫なくば、捕《つかま》えられるものではないのでしょうね、「運」は。その日の稽古終了で管長に一礼するのが我が道場の習わしなのですが、その日ばかりは管長の顔が「運」に見えました。多分、私は……「運」がいいのです。だって私が「運」の正面に座って一礼すると、「運」は笑顔で機嫌よく頷いておられましたから。

打っちぃみい

齢、七十の古稀を過ぎて、私生きております。

先日、四十代の壮年の男性よりファンレターを戴きました。私たちの作った唄、『思えば遠くへ来たもんだ』が近頃、やけに身に沁みるようになったと書いてあります。更にこれから自分は中年に、そして初老にもなるだろうから、今からその時のための唄を作っておいて下さい、とありました。加齢とともに愛唱歌が変わり、『思えば遠くへ来たもんだ』が気に入って、その先の用心のために予約注文なさっておられるのでしょう。

きっと彼の中に三十歳も年上の男たちが歌う唄に魅かれた自分への驚きがあるのでしょう。不安ですか。でもそれは、年ごとに人はこんなに変わってゆくのか、という自覚の芽生えですよ。私は彼の三十年先の齢を生きています。申し上げられる事は、「不安がることはありません」。年と共に人は変わります。それが命の当然です。あなたは順調です。若いあなたは、私たちの唄などに興味はなかったのかもしれない。ところが四十を幾つか過ぎると、好みでなかった唄がじーんと沁みて、知らず知らずあなたの唇がその唄をなぞっている。それが年です。そう、その手順であなたは年を取ってゆくのです。

いい唄、作って待ってますので後からゆっくり来て下さい。

思わず笑って、ハイと返事したのは、彼のファンレターの最後の文章で、「まだ死なないで下さい」とありました。率直過ぎる注文ですが、私を惜しんで下さる気持ちは有り難し。ふと、私が生きて来たあなたと同じ頃を思い出します。あなたと同じ四十代を過ごした頃……私は昭和から平成へ変わった潮目の時代を生きていました。戦後の日本に生まれて来た我ら団塊世代がちょうど四十の厄年に差し掛かったのが、その潮目の時代でした。

昭和が終わり、平成が始まったその年、1989年は平成元年。その6月に女王と呼ばれた歌姫美空ひばりさんが逝かれたのは正に昭和終焉《しゅうえん》の象徴的な出来事でした。私はその人、ひばりさんにも一度だけお会いしたことがありました。昭和ですれ違った忘れ難き人物です。で、その平成の頃、厄年あたりにいた私は何をやっていたか。私はトラックの前に飛び出して、「ぼくは死にましぇん」とトレンディドラマで晩婚男を演じておりました。そしてもうひとつ、N

ＨＫ大河ドラマ『太平記』では、大鎧に兜姿で鎌倉幕府を滅ぼしておりました。百回失恋した男と河内の土豪、忠臣楠木正成を演じておりましたので、今思えば働き盛りで元気がよかったのでしょう。

　小山ゆうさんと組んで『お〜い！竜馬』という連載漫画のストーリーを考え、評判の良さに浮かれて『プロゴルファー織部金次郎』なんてスポーツ漫画の原作も始めて作画の高井研一郎先輩と打ち合わせと称して呑んでました。まあ、晩婚男も河内の土豪も坂本龍馬も、身の内を捩れば何とか演じられ、筋書きも思い付きますが、さて困ったのが『プロゴルファー織部金次郎』で、調子に乗って始めたはいいが下手の横好きのゴルフです。然《さ》したる腕も、技もなし。そこで取って出しの自転車操業ながら、プロゴルファーに聞いて学ぶ事にしたのです。彼らの出来事を物語に。四十からの手習いながら興味深い仕込みの遊学でした。彼らの話は面白く深々とした人間ドラマがゴルフに拡がっていました。まだ日本経済は景気よく、テレビにはバブル経済の余熱がありまして、贅沢な番組を作らせて貰えました。その遊学の初めの人がアメリカのプロ、リー・トレビノでした。往年のゴルフファンなら声をあげて頷かれる名ゴルファーです。アーノルド・パーマー、ジャック・ニクラスと並ぶ人気と実力の人、「陽気なトレビノ」というのが彼の呼び名でした。

　メキシコ系アメリカ人のリー・トレビノは野性の人であり、ゴルフの技はほとんど独学で学び続けた叩き上げの職人。構えはオープンスタンス、ハンドファースト。打って操る球筋は「フェード打ちのトレビノ」が試合での通り名でした。

街から遠い田舎町の貧しい家庭に生まれたトレビノ。遊び道具は酔っぱらいのおじさんから貰ったゴルフクラブの7番アイアン一本だけ。それを麦畑で打って遊んでいたが、すぐにつまらなくなり、近所の悪童を誘ってコースデビュー。と言っても、客としてではありません。営業終了後のゴルフコースにもぐり込んで、何ホールかをこっそりプレーするという悪童のゴルフ修業だったそうです。そんな少年がやがて青年になり生活費のために海兵隊へ入隊。派遣先は日本、沖縄の基地で、ここで賭けゴルフ三昧の日々を過ごす。帰国後に一念発起、プロをめざして本格的修業を始めたトレビノです。それは実に一途な学びの日々で、彼はプロの試合を見物しては、そのフォームを眼で撮り、打った瞬間のインパクト音を耳に録り、自分のスウィング作りの学びにしたそうです。中でもバンカーショットはプロが砂に残した足型のスタンスで写したそうです。

そんなトレビノからゴルフを教わるレッスン番組のテレビ制作でアメリカ西海岸へ飛んだのです。ロケで使うゴルフ場はパームスプリングスの高級リゾートコース。いやあ贅沢なもんでした。砂漠の真ん中のリゾートコースでありながら、私の宿泊のコテージには暖炉が赤々と燃えていましたので、その豪奢をどうぞ御想像下さい。嫌みな言い方、御免なさい。でも、そんな贅沢の中でも一番の贅沢は名プレイヤー、リー・トレビノから1週間に亘ってゴルフを教えて貰える贅沢さでした。

さあ、そこから始まったゴルフレッスンですが、私には上達のコツよりトレビノの技を説く解説が何とも魅力的でした。

たとえば……手っ取り早く上手になるコツを教えて下さいと乞うと、短躯ながら胸板厚き彼は、人差し指を虚空で振って「Same walk, same breath, and always smile」、上達のコツは「同じ歩幅、同じ呼吸、そしていつも笑顔であれ」と諭します。人生にも使える万能の箴言です。ゴルフの基本からアプローチ、バンカーショット、アイアン、ウッドまで己のゴルフ理論を立て板に水で、カメラが回ると語ってくれる抜群の話術のトレビノです。

この人の魅力はそのゴルフの技術論にいつも人生が滲む事です。ゴルフコースを巡りながら、こんな設定のパー4がありました。バナナを左向きに置いたようにコース全体がゆっくりと左へ、左へと曲がるコース。その左の先にめざすべき、グリーンの旗がふるえています。意地の悪いことに左側すべてが池で、グリーンは水の上に浮かんでいる筏《いかだ》のように見える第2打地点です。「君なら、どう攻める?」とトレビノ。そこで、教わったばかりのフェード球で、と答えると、彼は「良い選択ではない」と言います。では、やってみようと挑むことに。まあ、私の腕前ですから、打った球は真っすぐ出て、やや右へ曲がって……グリーンに届かず水柱を上げました。次に「私なら……」とトレビノは打ちます。球筋は打って変わってドローの球筋。グリーンのうんと右を狙い、真っすぐ出て、やや左へ曲がって……グリーンに届かず池へ転がり落ちました。

二人とも同じことで、結果は池ポチャ。でもトレビノは「正しい選択は私だ」と言います。何故か。トレビノは言います。「鉄矢のフェードは早々と池の上を横切った。だから、横切った地点から第4打を打つペナルティーでプレーを続ける」。

で、彼、トレビノの球はコースの上をしばらく飛んで、落ちて左へ転がり池へ落ちた。そこからの再プレーとなる。第4打はグリーンから目の前の地点となる。彼が私に授けたかった技はこれでした。「ゴルフの最もユニークな特徴は失敗とどう折り合うかなんだ。遠くから狙うより、近くからリプレーする方が挽回のチャンスがあるだろう。いいかい、鉄矢、どっちの失敗を選択するか、いつも考えるんだ」とトレビノ。なんか人生の味がしませんか、彼のレッスンは。

ゴルフといえばエリート層の特権スポーツと見ていた私にとってリー・トレビノはショックでした。このスポーツには人間についての深い洞察がいくつも秘められている気がしました。ここから以下は彼が話してくれた話で一番好きな話です。

独学の修業で腕を研いたトレビノはやがて全米のオープントーナメントで腕試しに挑みます。

そこで勝ち残り、ついに優勝。直ぐ様、故郷に取って返し、優勝賞金をお母さんにプレゼントしたそうです。その折、おばあちゃんに百ドル紙幣を一枚、お小遣いであげると、おばあちゃんは号泣。トレビノがプロゴルファーで稼いだ賞金だと言っても、そのプロゴルファーの意味が分からないおばあちゃんでした。突然、あまりにも大金を持って帰って来たトレビノに当惑し、泣き続けるおばあちゃんはトレビノを叱ったそうです。「こんなニセ札を刷って来て！早く足を洗うんだってばあちゃん泣くんだ。つまりさあ、俺のばあちゃん、生まれて初めて百ドル札を見たんだ。ばあちゃんの知ってる一番高いお札は十ドルだったんだ」と、手を打って笑うリー・トレビノでした。

人生の味しませんか。

ゴルフ遊学は続き、次に学びのために訪ねたのは国内選手、中嶋常幸プロでした。１９９０年代、青木功、ジャンボ尾崎と並んで中嶋プロはマシーンと呼ばれる正確無比のプロゴルファーでした。親交を結ぶと、ホント気のいい人で、素人のゴルフでも付き合ってくれるプロでした。

忘れ難きレッスンは千葉の名門ゴルフ場に私たち夫婦を招待してくれて、バンカーに入れた女房に、かの中嶋プロはバンカーショットを伝授してくれました。「バンカーショットのコツは砂を切ること。包丁で野菜を切るのと同じこと。サクッと切る。その音が大事なの。サウンドが大事だから、バンカーで使うクラブはサンドウェッヂって言うの」なんてネタを披露してました。

思い出しては今でも吹き出してしまうレッスンもありました。ドライバーを振り回してもさっぱり飛ばない私が「どうすれば飛ぶの？」と聞いた時です。彼は返事に困り、苦慮し呻吟《しんぎん》し、絞り出した答えが「……先ず飛ばそうと思うこと」と教えてくれたあの顔です。そんな低次元の質問をする者など彼の周りには一人もいないのです。飛ばしのコツなど彼にとって息をすることと同然の非中枢的反応に過ぎないのです。「どうやって息してるの」と相談されたようなもんで、伝授の言葉など何ひとつ思い付かない苦慮があの表情だったのです。

彼はそれほどの次元に棲むトップブロでした。

舞台はマスターズであり、ジ・オープンであり、全米プロというすさまじい勝負の世界。我々がクラブ片手に走り回るゴルフコースとは違う、トーナメントという舞台は異次元なんでしょうねえ。で、ラウンドが終わって、ほっとクラブハウスで憩う時、彼、こんな話をしてくれたことがありました。

北の大地、北海道でのオープントーナメントに出場中のこと。母堂逝去直後でいつもの闘志は燃えず、ゴルフに集中出来ない。

棄権、帰京が胸を過《よぎ》るも何故かスルスルと順位を上げて、最終日、最終組の優勝に絡んでいる。プロゴルファーとして、逃げ出せない立場だ。彼は覚悟を決めて闘い続けたそうです。最終ホールの直前でもバーディーを積み重ね、ついにトップに立った中嶋プロ。

その時、グリーンの奥、コースロープの外、彼に喝采を送るギャラリーの中にお母さんが居られたそうです。

もう、本当に在り在りとお母さんで、（ありがとう）と思いつつ、眼を逸《そ》らし彼はプレーを続行。それは多分、幻覚か妄想か。しかし見えるのだから仕方ない。彼はお母さんに必死で頼んだそうです。

（まだ泣いてあげられないんだ。泣いたらグリーンのラインが読めなくなるから、もう少し待ってね）って。そして最終ホール、カップにボールを沈めて彼は優勝。少し記憶違いもあるかもしれませんが、確かこんな話でした。私に強い印象を残したのは、彼が呟いた、死者に対して、涙を待ってくれと頼むプロゴルファーの厳しさです。

そして死者が応援に来たという神懸かった話は、ハリウッドの名作『フィールド・オブ・ドリームス』の、今は亡きプロ野球の名選手たちがトウモロコシ畑に集う物語のようです。

私はこの辺からゴルフは映画のストーリーになるのではと夢想し始めたのです。私はゴルフをエリートスポーツとして夢見たのではありません。人生によく似たゲームだと思ったのです。

ゴルフというゲームには様々な人の人生が絡み、生き方を賭けての覚悟があり、知恵を絞った技がある。トーナメントともなればやっと二十になった青年と五十歳を過ぎた壮年が火花を散らすこともあるのです。

更にゴルフの物語に夢中にさせる依頼がテレビ局から入りましてね、なんとイギリスの全英オープンの見学とレポートです。実況中継の放送時は青木功という解説、ラウンドレポーターの大看板があり、私はその隙間を素人として大会の雰囲気や選手の様子をコメントすれば良しという気楽な役回りでした。青木プロのお尻にくっついて、全英オープン、ブラックプールの大会会場を歩くのですが、そこはもうまさに夢のフィールド、『フィールド・オブ・ドリームス』でした。

青木プロはジャック・ニクラスと激闘を繰り広げた名選手としてのレジェンドを持つプロ。故に、彼がリンクスを歩くと世界の名選手、スタープロが次々と声をかけて来るのです。その顔ぶれの凄いこと、凄いこと。

「えおきさあーん」と役場の呼び出しに似た声で彼を呼ぶ声あり。振り返ると伝説の名選手、南アフリカのゲーリー・プレーヤーでした。ゴルフの教科書に出て来る人です。更に歩けば、「元気ですか」と挨拶に来た大兵漢はスペインのセベ・バレステロス。ゴルフ史に名を刻む名選手です。そのセベに対して、青木プロ、手を振りつつ上機嫌で応じられる。「元気だよ。朝飯、喰ったかい？　何喰った？　フィッシュかい？」と。初め、一瞬、スペイン語かと思ったのですが、スラスラと理解出来ますので、すぐに訛りのある日本語と気付きました。問われて応じるセベも和やかに「ウシ、ウシ」などと返しておりますので両者に会話は成立しているのでした。敬嘆すべき青木プロの交信能力です。

更に練習場にゆくと出場選手が朝の練習をしています。そのバンカーで練習している一人が、オーストラリアのグレッグ・ノーマン。シャークという呼び名の豪腕プロ。何と青木さんを見付けると、バンカーから飛び出して来て、低く青木プロに話しかけています。すぐに事情が判りました。あのシャークが青木プロにバンカーショットのレッスンを願い出ているのです。なんという名場面でしょう。まだカメラも回っていない、朝の散歩でこの名シーンです。そしてシャークのバンカーショットに対して、青木プロのアドバイスは短く、ひと言、「トンと打つ」の一喝のみ。勿論、日本語で。このひと言であのシャークが笑顔で頷いておりましたので、頓《とん》悟《ご》に誘う一喝だったのでしょう。この辺りは素人に測り難き、名人達の呼吸なのでしょうが、なんとも絵になるプロたちのワンシーンです。

で居並ぶプロたちの朝の練習を見て歩く青木プロ。

その人がピタリと足を止めた選手がいました。その選手はコーチが見守る中で、長いクラブのスウィングをくり返しています。見つめる視線に気付いたのはコーチの方で青木プロと気付くと相好を崩して、懐かしそうに会釈します。青木プロ、このコーチとは旧知の仲のようです。

笑顔のまま、その選手のスウィングを見つめる青木プロ。コーチ、恐縮した様子でその選手に声をかけました。コーチはマネージャー然とその選手に青木プロに挨拶を勧めますと、やっと後ろの人物に気付き、振り返って不動の姿勢です。その選手こそ、全米で勝利を重ね、世界を騒然とさせる注目の新人、タイガー・ウッズでした。

青木さんは二十歳をいくつか過ぎた若きプロゴルファーを頼もしく眺めて、仰ったひと言が、この章のタイトルのひと声です。

「打っちぃみい」

このひと声に応じて、踵《かかと》をそろえてタイガー・ウッズは、

「Yes, sir」

旧知の仲間だけでなく、青木プロは初対面の若者に対しても言葉の壁を楽々とすり抜けてゆかれる。

勿論、その人、青木功の人間力なのでしょうが、それはプロスポーツとしてのゴルフの素晴らしさです。リー・トレビノ、中嶋常幸プロ、青木功プロ、そんな人たちの世界を遊学して歩き、思い付いた物語が忽《たちま》ち『プロゴルファー織部金次郎』になってゆきました。

私は四十を過ぎた頃、この物語に夢中になり、脚本から監督まで一人で担い、この人物を演じました。何故、こんな人物でこんな設定、こんな筋書きにしたのか、実は私にもよく判りま

せん。この主人公は中年過ぎても一勝も出来ず、それでもプロゴルファーにしがみつき、敗北と折り合いをつけて次を夢見てコースを歩き続ける男です。多分、敗北と折り合いをつけるというのがここからの自分にとって、とても大きなテーマになるという直感だったのでしょう。「織金」は好きなキャラクターでしたが、映画は成功とは言えず、然したる観客動員も叶わず、何だか線香花火のさびしさをもって終了しました。

物語に据えたテーマがややこしかったのでしょう。それにその平成あたりから、阪神淡路大震災、オウム真理教事件などが世間と世相を揺らして、バブル経済の崩壊が相まって日本はすっかり澱《よど》んでゆきました。

私の場合、そんな平成の四十代を生きておりました。

お手紙を下さった令和の四十代を生きておられるあなたへ何かお役に立てること、お話し出来ればよいのですが。

ただゴルフで遊ぶ日々は続いております。相も変わらず百を叩くという腕前で、さっぱり上達していません。三十年も上達しないとは、情けなくもあるのですが、でも腕前の方はすっかり敗北と折り合いをつけて令和のゴルフコースをまだ歩いています。

まだ元気でおりますので、今後とも私どもの唄ともども御愛顧賜りたく願います。

呪いの時代

こんな凄いことを言う人が世の中にいるのかと仰天した人物に白川静博士がおられます。

白川博士は漢字の淵源《えんげん》を尋ねて、中国史の三千数百年を渉猟し、ついに漢字の源流たる「殷《いん》」の甲骨文字から漢字の正体を発見し、その正体を呪的儀礼のためのツールと断定したのです。呪的儀礼とは王が神霊と交信すること。三千数百年前の「殷」は、神や鬼神に溢れる世界で、時に祟《たた》り、時に災いを振り撒く神霊に対峙《たいじ》出来る者は地上で王のみでした。

王のみが神霊と交信し、宥《なだ》め、鎮めることの出来る力を持っていました。もしそれが出来なければ、民によって王は殺されることもあり、神霊を説得するために自ら火の中へ飛び込み死霊となっても民と国を守る誓約が王たる資格でした。

神霊と対話出来る者が王であったという白川説は発表時の１９７０年、仰天をもって迎えられ、当然ながら、漢字の本場中国では無視されました。当時、中国は社会科学を標榜し毛沢東の指導による文化大革命が進行中で、白川博士の説く神霊や死霊との交信のツールという漢字起源説など一顧だにされませんでした。この中国の無視に日本も同調し、白川説は異端、異説として無視され続けたのです。

ところがその時世に対してたじろぐことなく白川博士は中国史を語り続けました。その著作が１９７２年に発表された『孔子伝』です。中国の古典たる司馬遷の『史記』は中国で最高評価を与えられている史書であり、その『史記』が聖人と称えて伝えている人物が儒教の祖、孔子です。

紀元前90年頃に書き上げられたという司馬遷の『史記』の「孔子伝」に白川博士は、怯むことなくこう評しています。中公文庫の『孔子伝』、その26頁です。

孔子の世系についての『史記』などにしるす物語は、すべて虚構である。

『史記』という史書は中国においてほとんど聖典であり、その史書が伝える孔子こそは仏陀やソクラテスと並ぶ思想家あるいは偉人であると中国は顕彰します。その聖典に対して、白川博士は「すべて虚構」であり、また「稚拙《ちせつ》な小説に似ている」とも断定しています。この苛酷な、司馬遷に対する評は孔子について検証しつくした学びの後の断定であって、見栄やはったりで出来る言ではありません。この断定のあとに白川博士は孔子の実像についてこう述べています。

孔子はおそらく、名もない巫女の子として、早く孤児となり、卑賤のうちに成長したのであろう。そしてそのことが、人間についてはじめて深い凝視を寄せたこの偉大な哲人を生み出したのであろう。思想は富貴の身分から生まれるものではない。（26頁）

白川博士がそう語る時、紀元前551年、今から二千五百年以上も昔にいた人物がサッと脳裏をかすめるのは、博士の理説には人間を深く解く哲学があるからでしょう。

白川博士による白川文字学は1970年代に出現し、無視されました。ところが無視がゆっくりと反転してゆきます。

漢字の源流たる「殷」の時代は世界に呪いが満ちていた。その呪いに対して、また呪いがあり、その呪詛《じゅそ》を鎮める祝福が激しく交錯した世界があった。漢字はその呪いから生まれ、死霊と交信する唯一のツールとして生まれた。

たとえば「道」という字は悪霊に満ちた街道を往く時、人の生首を提げて悪霊を祓《はら》った呪術から生まれた一文字であり、「方」という字は樹木に通した死体が風に揺れる姿だといいます。故に国境にこの死体をズラリと並べ、敵の反撃を「防」ぐ威嚇の呪術とした。真実の「真」は無念を残して死んだ正義の人の死体で、その姿こそがその人の「真《まこと》」であったという一文字です。「殷」の時代、この世に圧倒的力をもつ者とは死んだ人間でした。

白川説は気味の悪い異端の学説として、世間に拾われました。その初めは、学校の怪談や口裂け女の類いと同じように、「本当は恐い漢字の成り立ち」として、評判を呼ぶことになります。女の子たちの恐怖の悲鳴のような評判で、そんなキャッチーな扱いは本意ではなかった筈です。しかし、白川博士は耐えておられました。その間も、漢字一文字の本性を発掘しつつ呪いによって拡がる漢字を繋ぎ、体系化してゆく白川文字学を興してゆくのです。圧巻の学説です。その白川博士を内田樹師範はこう解いています。『日本の覚醒のために——内田樹講演集』(晶文社)277頁から、講演会での発言です。

2000年前の古代中国の話を白川先生があれだけ熱意を込めて語られたのは、実はそのときと現代では、根本的な構造は変わっていないと直感されたからです。

われわれの現代社会は、未開の交感呪術から切り離された、合理的で透明なロジックの上に存立しているとわれわれは信じていますけども、それは違います。現にわれわれの世界でも呪いも祝福も活発に機能している。そのことを白川先生は深く確信されていたのだと僕は思います。

そう、我々は今も変わることなく、呪いの中で生きている、ということです。白川博士は1970年に著作『漢字』（岩波新書）を書き下ろし、そう指摘なさった。その指摘からもう五十年も経つのに、呪いはいよいよ威力を増している。SNS上で呪いの言葉を法的に禁止せねばならないほど呪詛はインターネットの網の中に跳梁《ちょうりょう》しており、今も死者を並べて威嚇することは戦術とされました。

そんな呪いの時代の到来を、五十年も前に予見している白川文字学に気付かされることが沢山あります。それにしても。1970年にいながら、2022年の先までも言い当てる白川文字学は凄いものです。

内田師範は様々な著作の中で、その呪いの凄さを絶妙のたとえで解いておられますが、白川博士の漢字源流の文字世界を「なまもの」に喩えています。それは仕留められたばかりの獣か鳥か。あるいは釣り上げられた魚か銛《もり》で突かれた鯨かイルカか。いずれにしろ、それは瀕死か死骸に違いありません。決して気味のいいものではありません。そのままにしておけば、ドロリと溶けて腐り果ててしまうものです。このなまものを食品にする、一群の人たちがいます。

例えば、寿司職人の人たちです。彼らは、なまものの血を抜き、皮を剝ぎ、あるいは鱗をおとし臓腑を抜き、腱を外し、骨から削いで、その肉を食材にしてゆくのです。まな板の上でのたうち、あるいは吊るされて血を抜かれる時、私たちはその様子を痛々しく見るのですが、その肉が皿に並べられると、「おいしそう」と眺めています。

なまものを食べ物に換えてしまう職人に日本人は尊敬を置く食文化を持っています。その職人の中でも、寿司職人は素材への確かな眼と包丁の腕、そして厳しい流儀を己に課していて、内田師範は賛嘆しています。彼は白川博士の理路を「無主体的主体」と呼び、判り易く語るために腕のいい寿司職人にたとえておられます。

彼はなまものを厳しく吟味し、油断なく捌き、食材にして客を迎える。やがて注文に応じて、寿司をにぎり、提供するのですが、そこから彼は提供したその寿司から己を消すのです。その料理は彼の作品でありながら、決して彼自身を介入させない。その客が「旨い」と賛じてくれたら、彼は「今日はいいものが手に入りました」と幸運を伝えて寿司から己を消すのです。次の注文を聞き、次の寿司をにぎりながら、彼はそのなまものが生きていた時の自然を語ります。泳いだ海、潮の流れや波までを言い当てつつ、そのなまものを活写し、味わいに副《そ》えてくれる。その能力を私たちは腕がいいと評します。

当たり前の寿司屋の光景ですが、なまものから食材を捌き、安全な素材を取り出し、美味な食品に仕上げた料理人と客が素材が生きていた時の話をしているわけですから世界でも珍しい食文化です。

この食文化の礼儀が、料理人が「私」を語らないという光景です。哲学の言葉でそれを「無主体的主体」というのでしょうが、寿司屋の板さんが自分の身の上話をしながらにぎった寿司はあまり旨そうではありません。それよりも鯛か鮃《ひらめ》かにぎりつつ、「あのあたりの海はいきなり深くなっておりますんで、海面と海底の潮の流れは渦巻きまして、魚も渦潮を泳ぐので、身がしまっていましてね……」などと聞くと、口へ運ぶその寿司に磯の香がして、深い味わいになるのです。

話をテーマに戻します。

白川博士の司馬遷による「孔子伝」への苛酷なまでの評は、なまものに対する失礼を一喝なさったのでしょう。白川博士は二千年の時を越えて、孔子に対する失礼を叱っておられる。それは司馬遷の孔子を書き記す筆先に「私」が混じり込んでいるという指摘です。

なまものとは死んだものです。その死んだものから食材を取り出し、それを食物に変えるには作法がある。その作法を侮り軽んずれば祟りがある。その祟りはホントにあります。だからこそ、ネット上の誹謗中傷が厳罰化されたのです。呪いの言葉を恐れるとは祟りを確信しているからでしょう。

私たちはなまものを食材にし、死んだ人を心に納めながら生きています。私たちの国には歴史があり、歴史とは死んでいった者たちの記憶です。

白川博士の諭しは皆で共有しているその死者たちに対しても、接する作法があるとの主張なのでしょう。

忘れてはならない事です。

竜馬かぶれ伝

私の胸の内に死者がいます。

それは生きて逝《ゆ》きし人たちで、私の記憶でありながら時に面影となって、自在に語りかけて来る存在でもあります。

父がそうで、母もそうで、兄姉も私に話しかけて来ます。

その中に格別の人物がいます。出会った時に既に死者でありながら、在り在りとした幻で、坂本竜馬の面影です。

そう、日本史の幕末期に登場し、風雲を駆け抜けた英雄です。

私の面影は坂本竜馬でして、史実の記録した「龍馬」ではありません。司馬遼太郎の時代小説『竜馬がゆく』に登場した竜馬で、十八の時、この物語を読んで以来、私の胸に棲んでいます。作家が解釈した「竜馬」ですが私はこの人を独り言の話し相手に青春を生きてきました。

この人の足跡を辿り、この人が足を止めたであろう、その場所へ行き、そこに我が身を重ねると、ホントにこの人の声が聞こえてくるような心持ちになったものです。

十九の時、その面影を探してひとり旅を実行しました。博多から船、汽車、バスを乗り継いで高知へゆき、深夜、あの桂浜の巨大な龍馬像の下に正座して願いを呟きました。

(なんとかあなたのように生きられないだろうか)

本気でした。

稚気笑うべし、ですが私なりの立志の儀式でした。その像を星空を背に見上げると涙があふれてきました。胸の内の滾《たぎ》るような思いをどうしようもなかったのです。

この立志の誓いから数ヶ月後、夢を見ましてね、眠りの中のその夢も同じ場所で、白昼の桂浜、それも人っ子ひとりいない無人の浜でした。私は美しい玉砂利を踏んで波打ち際に立っておりました。広がる海を眺めておったのですが、夢の中、何だか背中に眩しさを感じましてね。それで、振り向くとあの岸頭、松林に立つ龍馬像の腰のあたりから光が出ている。そして、その光が私を照らしているんです。その眩しさと言ったらもう眼が開けられません。思わず光から眼をそらし、海へ戻すと波間に泳ぐ人影があります。私はその人影を竜馬と直感しました。

私は波打ち際から駆け出し、波を掻き分けて海へ飛び込み、彼をめざしました。たちまち足は着かず深みへ泳ぎ出した私ですがその背中は眼の前にあります。私が「竜馬！　竜馬！」と呼びかけると、裸の背中のその人は一度だけ振り向いたのです。肩の隆々たる筋肉に隠れ、目元しか見えませんでしたが、写真に残されたあの眼でした。私は「竜馬！」と呼び続け、その肩に触れました。竜馬に触ったのです。その瞬間、彼は海中に姿を消し、必死に彼を探すと、突然、「鉄矢」と呼ぶ声。その声の方を向き、開いた眼をもう一度開くと母が私の顔をのぞき込んでおりまして、私は夢から醒めて現《うつつ》に浮かんでおりました。深夜、人の名を呼んでうなされているので気味悪くなった母が揺り起こしたのです。

しかしその夢こそ私にとって瑞夢《ずいむ》でした。

この夢を私は吉兆と信じて、私の背後霊に降りて来てくれたと彼を胸の奥にひそませたのです。地元の大学へなんとか滑り込み、フォークソングを歌う仲間と出会い、そのグループ名を「海援隊」にしたのが二十歳の時です。そこからです。（竜馬のように）を呪文のように唱えながら運命を決めてきました。すると本当に様々な幸運が、本当に有り得ないような幸運が私を違う世界へ運んでくれるのです。福岡のアマチュアバンドだった「海援隊」は四年後、プロとして上京。わずか一年の苦労で、博多弁で母を語る奇矯な唄がなんとかヒット。そこから苦労はしたものの三年後は高名な映画監督からの指名を受けて映画へ出演です。これが再浮上の切っ掛けとなって、翌々年荒川畔の中学校の先生役が舞い込んで来て、この先生の姓を「坂本」にして貰いました。

私はこの中学校の先生役で、浮き沈みの激しい芸能界に何とか座る場所を得たのです。ホントに激流を走り下る筏を操るような月日でした。

忘れ難きは久しぶりの帰郷の折、実家へ上がり込むと仏壇に灯明があがっています。母に「カネば叩いて、位牌に手ぐらい合わせておけ」と命じられ、重い腰をあげて仏壇をのぞくと小さな写真立てに龍馬のあの立ちポーズの一葉が祀られていました。私の思いを母はどこかで察してくれたのでしょう。母の言葉こそ今も忘れ難きひと言で「お前にゃこの人が取り憑《つ》いとるぞ。でなきゃあ、こげなことはおきん」と。母の言の通りです。自惚《うぬぼ》れてはおりません。

五人兄姉の末っ子で、凡たる学力、十人並み以下の容姿のこの次男坊が「竜馬」と寝言でその名を呼ぶほど、慕い、のぼせて、そこから万にひとつの幸運を手蔓《てづる》に雲の上の芸能界へ這い上がっていったのです。母はこの世のものではない、つまり彼が、格別に力を貸してくれたとしか思えなかったのでしょう。

私にもその自覚はありまして、余りにも幸運であると思っていました。

当然のことながら、借りた「運」は返さねばならず、その時は私自身が三十三歳になったそれも十一月十五日の京都でと決めておりました。何故、三十三歳の十一月十五日の京都なのかは簡単です。その年齢の、その月、その日、その場所で龍馬は生涯を終えたからで、史実に龍馬は夜九時過ぎ、京都河原町醤油商近江屋二階で暗殺されました。それが慶応3（1867）年のこと。そこから115年の時を挟んで、その日、その時刻に京都のステージで私は彼の眠る東山の霊山《りょうぜん》墓地に、十年余りに亘って使わせてもらった「海援隊」という組織名を「お返しします」と謝辞を叫び、泣き、我らは解散したのです。私なりに初志を貫いたわけで、これは私の都合。何と大時代がかった都合であったか。今思えば、二十から付き合ってくれた仲間ふたりには解散劇の脇役を演じさせたわけです。グループ解散の理由がリーダーと背後霊との関係で、などとは芸能界で聞いたこともありません。ふたりには誠にスマンと思っております。

これは1982年冬のこと。その少し前のこの年の春、私の背後霊へ捧げるべく一本のテレビドラマを企画しました。

『幕末青春グラフィティ・坂本竜馬』です。

冬に解散を控えていることもありスタッフの結束固く、脚本は私、キャスティングも音楽も兎に角、武田の意向を汲んで全力で製作してゆこうとの素志《そし》、熱く準備へ踏み出しました。そのスタッフたちの頑張りといったら、まさに神懸かっていました。

物語で、竜馬は私が演じます。それに準じて、私の幕末時代劇は通常の時代とその様相がガラリと変わります。私の描く竜馬は土佐郷士で身分低く、女にしか興味のない男です。その男が友達に勧誘されて、地元青年らの政治運動グループ、土佐勤皇党に名を連ねたところから幕末の風雲に巻き込まれた物語です。

私の解釈は、幕末の勤皇倒幕運動を若者による政治運動として描かず、まるで現代の暴走族の別グループとのケンカのように、生々しく描いてみたかったのです。

私の竜馬は思想もなくただボンヤリとした男ですが、この竜馬は故郷の友達が好きでした。友らが勤皇運動の果てに、幕末の争乱の中で倒れてゆくのが哀れでならず、彼らを庇《かば》い、呼び集めるうちに竜馬党とでも呼ぶべき「海援隊」というグループが幕末の一勢力になってゆく物語です。私の解釈、私の竜馬です。

くり返しますが、竜馬は私ですので、長州藩の英雄児・高杉晋作は私が見上げるようなミュージシャンが相応しいということで吉田拓郎さん。その脇にいる伊藤博文は井上陽水さん。桂小五郎は小室等さん。よくぞそんな大物が出演依頼を受けてくれたものです。その上に土佐勤皇党を弾圧する、藩主・山内容堂はビートたけしさん、私、竜馬を狙う暗殺者は沢田研二さん、何と竜馬の恋人お竜役は夏目雅子さんでした。当代の人気者をこれほど集められたとは、いかにスタッフが頑張ったかが判ります。その上にドラマを彩る音楽はビートルズの楽曲使用の許可が下りたのです。もう神懸かりでした。

このドラマの製作がどれほど楽しかったか。土佐勤皇党、首魁・武市《たけち》半平太は柴俊夫、中岡慎太郎・風間杜夫、土佐郷士の豪傑・那須信吾に阿藤海（後に「快」）など。ホントに彼らに史上の人物が、憑依したようでした。土佐勤皇党の主導権を競うシーンでは出演が終わっているのに帰る出演者なく他の役者の演技を探って、明日の自分のシーンでのアドリブをそれぞれに練っているのです。時代劇でありながら、熱いアドリブあれば即採用。演出は私と同年の監督で、幕末の争乱を役者の熱量で描く彼の手腕は生き生きと若き志士を活写するのです。

土佐の貧しき郷士たちが尊皇攘夷に燃えて、雨の田んぼ道を臑《すね》まる出しで走り、集まるシーン。ビートルズの『Love Me Do』が流れます。

郷士を弾圧する吉田東洋という土佐藩家老を那須信吾らが襲う血まみれの暗殺シーンでは『A Hard Day's Night』。武市と竜馬が攘夷と開国で対立すると『Hello, Goodbye』。そしてラスト、近江屋二階で竜馬が襲撃をうけ、血まみれでゆっくり眼を閉じるシーンではジョン・レノンの『Imagine』が流れます。幕末の志士の青春とビートルズの楽曲がこれほど見事に溶け合うものか。我ながら、まさかここまでうまくゆくとは思いませんでした。この二時間特番は昭和57（1982）年秋、日本テレビで放送され、視聴率30％に近い数字を獲得。我らその成功に拳を振り上げて狂喜したのでした。

あまりにもうまくいった『幕末青春グラフィティ・坂本竜馬』でした。私は三十三歳。竜馬について熱は下がらず、この成功でその熱が更に亢進《こうしん》してしまいました。

誰からともなく、この勢いで映画化しないかとの声が上がると、たちまち賛同の声が集まりました。その真ん中に私はいました。前作からスケールアップして、映画にしなければ意味がありません。私には夢がありました。

海です。

竜馬の海での躍動を箱のテレビ画面でなく映画の銀幕、スクリーンで描く夢でした。前作ではブルーバックの合成画面で処理した黒船操船のシーンでしたが、映画となればそれを実写で本物の黒船を浮かべ、海を舞台にした竜馬の物語を作ることでした。前作は竜馬の青春から暗殺に斃《たお》れるまでのダイジェストでしたが、映画ならばもっと幕末を絞り込んで、竜馬のひと夏を描く。竜馬には史実に、慶応２（１８６６）年６月、長州を援護して、幕府軍と海戦で戦った、馬関海峡戦という海の戦歴があります。その海戦を映画のスケールで描くのです。そんな構想を皆に話すと滾《たぎ》るように頷いてくれます。

まあ、虚仮《こけ》の一念岩をも通すとはこのことか。一年も待たずして、海戦のロケ地から、本物の黒船まで準備の段取りをつけたから大したコケたちです。何と広島・福山の造船所が廃船になった中型の運搬船に帆柱を立てて外輪を回しながら進む黒船に改造して下さるとの吉報を運んできたのです。この造船会社は御好意で海ばかりか、陸も引き受けて下さり、所有の瀬戸内の小島から飛行場がつくれるほどの敷地内に撮影のためのセットを建てる人員と機材を用意して下さった。さあ、そこから福山通いが続き、長州陣屋のオープンセット、竜馬が乗るユニオン号の改造からラストシーン肥後細川藩兵と長州奇兵隊の激突を描くひまわり畑の開墾までを二年で準備したのです。

　夢を語っているうちにそれが次々と形になってゆくのです。その幸運に私たちは酔っていました。私はと言えば、ひとり脚本に夢中でした。今度の竜馬では海戦を描く。そして高杉率いる長州奇兵隊が海峡を渡って敵側に上陸。高杉は勢いそのままに敵陣への吶喊、突撃を命じるのですが、竜馬は反対します。竜馬は敵陣の守備に強力な武器を持つ肥後細川藩がいることを知っていました。肥後はガトリング砲、今でいう機関銃を所有しています。斥候《せっこう》を出し、敵状を探るべきと竜馬は主張。その戦略に耳をかさず、高杉は突撃を決断します。高杉は肺病の進行によって、己の命がもう数ヶ月で燃え尽きてしまう恐怖に苛《さいな》まれているのです。海戦では力を合わせて、幕軍を圧倒した竜馬の海援隊と高杉の奇兵隊がこの上陸戦では対立。高杉は竜馬を臆病者と罵倒し、竜馬も激昂《げっこう》して、「わしら別に長州のために倒幕しちゅうわけやない」と吼《ほ》えます。

そこからラストです。長崎で武器の購入に走り回り、各藩の裏事情を知るアキンド志士の竜馬の直感の通りです。袂《たもと》を分かち進軍する奇兵隊、ついに敵陣に到り正面からの突撃を奇兵隊に命じる高杉ですが……敵陣からはガトリング砲の凄まじい射撃があびせかけられ、砕け散るひまわりとともに潰滅《かいめつ》してゆく奇兵隊です。

実際に、小倉城攻防戦であった戦況です。この戦いに高杉は呻くように「あの時ばかりはどうしようもなかった」と呟いたと史伝にあります。その一点を捉えて映画では竜馬が飛び出してくるのです。奇兵隊は非正規兵で農民や町人身分の者たちでした。竜馬は死にかかった奇兵の若者に語りかけます。

「もしも三途の川を渡る時、鬼どもより名を訊かれたら、己の名の上に、坂本という姓をつけて名乗り罷《まか》り通れ」

彼らは幕藩体制の身分制度によって姓を持ちません。竜馬は彼らに己の姓を貸して与えて、侍と同じ身分として死出の旅路に送り出してやるシーンとして演じるのです。セリフを書きながら、私、泣いておりましたので、これはきっといいシーンになると確信しました。

この後、竜馬は両手をひろげ、奇兵の若者を庇いつつ素手で肥後細川藩の敵陣に迫ります。竜馬は幕藩体制の古さが日本を滅ぼすと説き、大音声でアメリカ民主主義を朗々と説くのです。

「かの太平洋の向方、アメリカ国あり。ヴァージニア州に生まれたるジョージ・ワッシングトンは卑賤の身ながらエゲレスを倒し、アメリカ将軍にまで成り上がったと言うぞ」

その気迫に押されて、肥後細川藩は射撃をためらい、さっさと兵を引き上げてゆきます。事実として、この戦闘中に徳川将軍・家茂《いえもち》が病死して、馬関戦争を続ける意味がなくなっていたのです。その偶然に助けられ、竜馬と長州軍は辛勝し、その夏を生き抜いたという虚実取り混ぜての幕末劇です。

タイトルは前作に続いて、『幕末青春グラフィティ Ronin 坂本竜馬』としました。藩に所属せず、身分より自由を選んだサムライたち、海援隊の浪人たちへの思いを込めて、「Ronin」としたのです。舞台は作りました。物語も練りに練って勇躍とあの夏、テレビと同じスタッフ、監督で撮影に入ったのです。


ところが、撮影に入るとうまくゆきません。

ロケ地は瀬戸内海です。海上でユニオン号の帆走を撮影しようとすると、漁船やタンカーの船影が入り、海上で待機。瀬戸内海は日本で一番船の往来が激しい海でした。このユニオン号は自力では航行出来ませんので、タグボートで曳いて、海上のそこに置きます。そこから航行のシーンはもう一度曳いて、撮影に入るのですが、海上の通行船や島々、潮の流れ、太陽の位置まで条件がピタリと重なることは瞬間です。

散々準備したつもりでも細心ではなかったのです。我らは大胆ではありましたが、緻密ではなかったのでしょう。次々とその瞬間を逃しました。海のスケールをスクリーンに描くため、粘りに粘る監督が数日の日数を費やしても、十秒のカットも撮れないのです。この海上の撮影の遅れは時間を削ってゆきました。

ここから陸に上がれば、撮影スケジュールも軌道に乗るかとも期待していましたが、監督はスケールに拘《こだわ》っていました。

演技の駄目出しも多く、取り残しが溜まり、さっぱり脚本が消化できません。

高杉が従える奇兵隊士は常時、三十人ほどの若手がおりまして彼らが演じる段取りでしたが、監督はこの二、三倍の人数がないとスケールが出せないと注文します。スタッフは町へ出て、急遽エキストラ募集に走り回り、撮影はしばしば休止。彼は本気でした。彼は口癖のように私に語り続けていました。「日本映画を変えましょうね」と。日本映画の今までを超えるスケールや、長いワンシーンをワンカットで撮る斬新なカメラワークへの挑戦に燃えていました。才《さい》気煥発《きかんぱつ》な彼です。幕末の志士を本気で描きたいなら、自らも志士であらねばという覚悟の監督でした。私は彼に圧倒され、沈黙してしまいました。

私には日本映画を変えるような志も野心もなく、ただ自分で描いた竜馬を演じたかったのです。私は彼と語り合うべきでした。あるいは対立すべきでした。お互いの描くべき竜馬像が違うのです。私に煩悶《はんもん》はありましたが、監督との間には沈黙のみで、そんなぎくしゃくのうちに1ヶ月が過ぎておりました。そして大変な遅れに気付いたのです。

何と撮影日数の半分が過ぎているのに、全体の4分の1しか撮れていないのです。

日程は押しに押し、ずれ込み、日数を使い果たして、出演シーンを切り上げて東京へ帰らなければならない役者も出て来ました。兎に角、そこから必死で巻き返しました。

そして夏は過ぎ、秋の気配がする頃、なんとかその遅れを取り返しつつ、あのひまわり畑のラストシーン撮影にかかったのです。

恐らくは三、四日の日数を費やすスケールのシーンになる筈でした。

何と美術スタッフが一年をかけて咲かせた谷間のひまわりは枯れ果て、すべて造花に変えられていました。

見渡す限りのひまわりの花をすべて枯らすまで遅らせたのは私の弱さです。

私はそれでもすべてを逆転すべく、そのシーンに臨んだのです。

しかし監督から現場で告げられたのはそのシーンの大幅カットでした。

台本通りにやるとなると、撮影には数日かかると踏んで、省略を決意したのでしょう。彼も焦っていたのでしょうね。一番、演じたかったシーンが彼の提案でどんどん短くなりました。

私は愕然《がくぜん》としながら、監督に従いました。反対するのも対立するのも許されなかった。私たちは夢を描く時間をもう使い果たしていたのです。予算も日程も使い果たしたのです。

それでも、肥後細川藩に向かって、「かの太平洋の向方、アメリカ国あり……」とセリフを叫び、本番テイクを十回ばかり懸命に演じました。声も涙も嗄《か》れに涸れ果てて、監督の「今のテイクでなんかビビッときましたのでＯＫ」という了承ですべての撮影を終えました。

手応えのないクランクアップでした。夢の映画は疲労困憊《こんぱい》のみで終わってしまったのです。丸二年の歳月を費やして、挑んだひと夏の撮影。作りたかった映画と出来上がった映画の差が大き過ぎました。

私は竜馬の映画を作るのが青春の夢であったのですから、その夢には届いています。それを体裁に、「失敗」の一語を隠しました。そしてそこからも竜馬かぶれを気負い、竜馬を夢にして来ましたが、人生で竜馬を演じられる年齢はあの作品で使い果たしました。誠に残念ながら、演じたかった竜馬はあのひまわり畑のロケ現場に置いて来ました。そして胸の奥深く、その無念を埋めたのです。それでも夜道を一人歩く時、吉田拓郎さんが作って下さった主題歌『RONIN』を聴きながら、あの脚本通りのセリフを呟く時、私は幾筋もの涙を流し、魂だけはあのひまわり畑で私の竜馬を演じていました。心二つに折れたまま、私は三十代の後半を歩き続けたのです。

さて私が懸命に作った二本の物語。テレビ二時間ドラマ『幕末青春グラフィティ・坂本竜馬』、そして映画『幕末青春グラフィティ Ronin 坂本竜馬』の光と影の私自身を綴りましたが、伝えたいのは映画化の裏話ではありません。

この「竜馬かぶれ伝」でお伝えしたいのはここから。ここからが今回、書きたかったテーマ。本題です。

始めます。

この「しくじり」から考えました。考え続けました。テレビではあんなにうまくいったのに、三年後の映画はどうしてあんなにうまくゆかなかったのだろう。一体私は何を間違えたのだろう。何を「誤解」して、竜馬を演じ損なったのだろう。そう、テーマはそこです。

その後の私は四十代で漫画『お～い！竜馬』の原作者として私の竜馬をもう一度なぞり、還暦の年には福山雅治君演じる坂本龍馬の前で私は勝海舟先生を演じておりました。しかしいつも竜馬をめぐる思いはあそこへ帰ってゆくのです。演じ損なったひまわり畑の私の竜馬のあのシーンへです。胸中、埋めても埋めても監督の演出に従った慙愧《ざんき》は疼《うず》くのです。対立してでも、演じたかった竜馬を主張するべきだったのか。それにしても何という後悔の深傷《ふかで》でしょう。私はもう初老の年齢になっているというのに……。

歳月は更に流れて、私は六十八歳。古希直前の平成30（２０１８）年のこと。私に映画出演の依頼が舞い込みました。

あの大林宣彦監督でした。先年、癌を患われ余命数年と宣告された大林監督。その監督が奥様と支え合うようにして、故郷の広島県・尾道《おのみち》を舞台に映画撮影に乗り出された。恐らく、最後の作品になることはすっかり痩せて小さくなられたお姿で察せられるのですが、さすがに意《い》気《き》軒昂《けんこう》。

出演依頼の第一声は「なかなか死なないの。だからもう一本、作ろうと思って。付き合って下さい」と淡然《たんぜん》と笑っておられました。何という胆力《たんりょく》。初心、火の如き方です。そして、さらりと頼んでこられました。「坂本龍馬を演《や》ってくれないかな。君が一番ピッタリだから」。啞然です。私、六十八歳。あまりの配役に押し黙っていると、大林監督、その作品に込める思いを滔々《とうとう》と語られます。映画タイトルは『海辺の映画館　キネマの玉手箱』。人の生死の記憶を映画が語り、若い人たちに映画という語り手を友達にする方法を教える物語……とまあそんな塩梅の映画と言えばいいでしょうか。リアルなど求めておられず一種の幻影を演じることのようです。出演シーンは西郷隆盛とコンペイ糖を食べながら、しりとり遊びをしている龍馬。銃をぶっ放し、幕府役人を蹴散らしているイメージの龍馬。そしてもうひとつ、京都近江屋二階で暗殺に斃れてゆく最期の龍馬、この三つのシーンです。

映画の大先輩。尾道三部作で、名作を残されている監督で、それも最後の一本に違いなく、遠慮など、出来る筈もなし。それでその夏、炎暑の尾道へ出向くことになりました。

一日目、尾道の古刹《こさつ》を貸し切りにして本堂から美しき瀬戸内の海を見下ろしながら、西郷とのシーン。私は三十二年ぶりの龍馬の衣裳です。どこから見ても老人龍馬で、誠に申し訳なく恐縮するばかりですが、大林監督はその無理が可笑《おか》しいらしくご機嫌で笑っておられました。

二日目は尾道の工場倉庫をセットにして、龍馬の高笑いから懐中のピストルを取り出し、射撃のシーン。円形舞台の壇上で巨大ファンの風に袂をなびかせて取り出したピストルを撃ち、ニタリ笑って「日本の夜明けは近い」と嘯《うそぶ》く龍馬です。

恥ずかしながら、いい年をしてどんどん気持ちよくなります。

そして撮影三日目のこと。

今日が私の撮影のラストです。龍馬が刺客に襲われ斃れてゆくシーン。さて、尾道のどのあたりのお屋敷を借りての撮影かとスタッフの車に乗り込みました。ただ宿舎のホテルを出発するといつもと違う道をゆき、海は見えず車は山へ山へと向かいます。いつもと違うので尋ねると、今日のシーンは現場を変えて「とてもよい廃屋が見付かりましたので、そこを近江屋に見立ててのロケセットです」との説明です。で、四、五十分の移動でその現場へ。ずいぶん尾道も草深い所があるもので小砂利を撒いただけの山路へ入り、蔦葛《つたかずら》を押し分けながらやっと現場へ。ムッとする暑気が地面から湧いてくる仮設駐車場で降りると、スタッフに案内されて、そこに停めてあるトレーラーハウスで竜馬の衣裳を着け、メイクを終えました。そして現場へ案内されました。ロケセットはボロボロの廃屋の日本間で、私の他にも千利休役の片岡鶴太郎さんや能を踊る男役、南原清隆さんもいる賑やかな現場でした。大林監督もその日、体調よくモニター前で元気いっぱいこっちに手を振っておられます。

36度はある山中、草いきれのムッとする熱気の中、廃屋の日本間に座り込み、撮影開始。私はすぐに刺客に囲まれて、そこから立ち回りです。窓の外ではすでに死者である利休と能の舞い手が見つめている設定で、死者たちの幻想シーンです。でも、皆と一緒に座り込んで、大林監督からの演出を聞いているうちに大変なことに気付きました。私はここに来たことがあると直感しました。この谷は夏草、蔦葛に覆われ、地形だに判然としませんが、間違いなくここはあのひまわり畑です。

私は三十二年ぶりに同じ場所に同じ衣裳を着て立っていたのです。

何という偶然でしょう。無論、ピタリと同じバミリ位置（演者の立ち位置）ではなかったものの、私が六十八歳で座り込んだその場所から、十歩ほど先が三十六歳の私が竜馬を演じていたその場所です。何やらゾッとしながら私はその偶然の意味を考えました。大林監督の演出の指示が始まり、「はい」を連発しながら、聞いておりましたが、私はそのことばかりを考えていました。

今更なんでこんな偶然が起こるのでしょう。

この偶然は私に何を考えさせるために起こっているのか。

三十二年ぶりであたりの様子はすっかり変わったものの、同じ衣裳、同じ結髪でほとんど同じバミリ位置で同じ人物を演じている偶然です。演じているシーンはその人物が暗殺される場面です。何かこの世のものではないものが、ほとんど同じバミリ位置へ私を戻しているのか。それとも……全くの偶然か。そうとも考えました。大変な確率ではあるが、この世に起こり得ないことはないのですから。

あたりは昼を過ぎるともう40度を超えていたでしょうか。しかも、時代劇衣裳です。でも私は汗の割には暑さを感じず、炎暑の撮影を耐えました。どこかでこの偶然を考え込んだまま、その場所のそのシーンを夕刻に終え、大林監督とお別れしました。


天地を焦がす一日はやっと夕暮れになりました。

宿舎へ。

汗を流すと私のスタッフが労《ねぎら》ってくれます。マネージャーが靴が脱げる小料理屋の小上がりを用意してくれました。早速カラカラの喉をビールで潤しました。

今日の出来事は信頼しているスタッフと言えど彼に話すつもりはありません。それは私的な出来事で、ちょっと神懸かった偶然でしたので、呑みながら話す話ではないと感じていました。私がしっかりとその意味を咀嚼《そしゃく》すべき出来事ですから、あの偶然は腹に秘めて、今日の暑さばかりを話題にしました。

二杯、三杯とビールを飲み干すとマネージャー、次のビールをまたすすめてきます。何か相談事のある様子です。で、そう言うと、言い当てられて頭の後ろを掻くマネージャー。逡巡《しゅんじゅん》の笑みで、切り出しました。

「終わったばかりで何なんですが、急ぎの依頼が来まして……」と言い難そうです。なんと東京から広島まで今すぐ返事が欲しいとの依頼です。どんな仕事か訊くと、時代劇コメディーとのこと。兎に角、どうしても私でなければ成立しない物語らしく、先ずはどうか引き受けてほしいの一点張り。CSの時代劇チャンネルで放映されている時代劇です。何と来月にも撮影を開始したいとのこと。何という慌ただしさか。

で、どんな時代劇か訊くと、マネージャー、サッとその企画書をビールグラスの横に差し出しました。

なんとタイトル『龍馬がくる』。

物語は六十八歳にもなって人生最後の「竜馬」を演じようとしている武田鉄矢の悪戦苦闘の話。そんな悪あがきの老俳優の前に時空を超えて幕末の龍馬がタイムスリップして来るという物語です。

私の竜馬かぶれがコメディーのネタになっておりますのでどうしても私でなければならず、「小河ドラマ」と銘打ってありましたので、私が演じたい竜馬からほど遠いドラマであることは察しがつきます。でも……私はなるべく明るくマネージャーに「うん、やるよ」と返事しました。

あの偶然に、この偶然が重なったのです。偶然に従おうと思ったのです。だってたった一日で三十二年の歳月を越えて起こった偶然と、その偶然に繋がるようなコメディー時代劇への出演依頼です。受ける以外に返事はありません。

それにしても何故こんな偶然が起こったのでしょう。

私はその日から考えています。ずっとずっと考えています。

まるで死者の国から、その人たちを呼び降ろしたように、その役の俳優たちが夢中で演じた『幕末青春グラフィティ・坂本竜馬』。どのシーンもその霊がのりうつったような躍動がありました。すべてうまくいった作品でした。

まだ憶えています。土佐勤皇党の一人、近藤長次郎を演じた福田勝洋君が、すべての撮影を終了した時に呟いた言葉、「なんだか、スゲーいい奴と一緒にひと仕事して、別れてゆく気分ですねえ」。

ホントにそんな気分でした。三十三歳の時です。

それが、それから三年をかけて準備した『幕末青春グラフィティ Ronin 坂本竜馬』では、あれほどの協力を得て、あれほどの舞台を作りながらモヤモヤした状況の中で、私の竜馬を描けなかった慙愧、それが三十六歳の時。

それから三十二年が過ぎて大林監督作品で同じロケ場所のほとんど同じバミリ位置に引き戻され、同じ人物を同じ衣裳で演じ、その夜にその同じ人物に六十八歳で演じる老俳優のドラマ企画が舞い込んだのです。この偶然に考え込みつつも、すべて偶然で片付けてしまうことも出来ます。

長い「竜馬かぶれ伝」になりました。すみません。

でもこの出来事からの気付きをここから綴ります。

『龍馬がくる』というコメディー時代劇を撮り終えて、読み出した本に内田樹氏の講演集『日本の覚醒のために』があり、その中にギクリと考え込む文章がありました。

彼ら（グローバル資本主義者も、排外主義ナショナリストも）にとって死者というのは、自説の傍証として便利なときに呼び出して、使役させるだけの存在です。都合のいいときだけ都合のよい文脈でこき使って、用事がなければ忘れてしまう。（56頁）［（　）内は著者の補注］

歴史上に存在する死者を自分の都合で使い、死者の無念や死者の苦悶を語る者たちへの警告です。師は死者を触るにはマナーがあるぞと言っておられる。今、国際社会の中で、死者を巧みに使う国がある。ある時代の死者を呼び出し、また隣国へ攻め込む動機に死者の無念を使う国があります。

内田師範はその死者に対する作法を叱っておられる。この文章を私なりにこう解きました。死者を語れ、死者を利用してお前を語るな。死者をお前が証明してもよいが、お前を証明するために死者を使ってはならない。それが、この国を去っていった死者たちへの作法であると。

このスケールの大きな内田師範の世界観に触れた時、私はありありと私の「失敗」に気付きました。

あれは私の過失でした。私が死者への作法を穢《けが》したばかりに演じ損なったのです。私は竜馬を語らず、竜馬に私を語らせようとしていたのかもしれません。

だから三十二年の時を挟んで、ほとんど同じバミリ位置に戻されたのです。そう思うととても落ち着きます。あの偶然が腑に落ちるのです。

竜馬を演じることの出来不出来など実は重大なことではないのでしょう。

いつも竜馬を演じたがるところに私の証明があるのです。

「お前はお前らしくあったよ」と私の「竜馬」の声が聞こえた気がします。

若く生き生きと竜馬を演じた私から、竜馬を演じる老俳優のコメディーまでが、一本の物語として私の胸に納まりました。


私の「竜馬」は日本史の龍馬ではありません。これは司馬遼太郎という時代小説家の傑出した才能が書き残した小説世界の人物です。だからこの世に「存在しないもの」です。しかし、「存在しないもの」もこれほどの力があるという証明のために、私のことを語ってみました。

これは私を語っているのではありません。私を突き動かした不思議な力、この世に「存在しないもの」についてです。そしてそれは正確な死者ではなく、その死者のイメージを借りた小説世界から生まれた人物像です。でも、その人物像も偶然を起こす力を持ちます。世界は「存在するもの」たちだけの世界ではありません。世界は「存在するもの」と「存在しないもの」、「これから生まれ来るもの」もこの世界の正規のメンバーであると内田師範は仰る。故に、「存在しないもの」に対してマナーを汚し、作法を穢してはならぬと師は言います。「存在しないもの」

は力を持ちます。私はその力を信じてきましたし、信じてゆきます。

そしてもうひとつ。

たとえ間違っても、しくじっても、そこから歩き続けること。いつの日か、あそこで間違ったから、しくじったからこそ、ここまで来られたと気付くことがあるから。

あのバミリ位置はここへ来るための標だったのです。

「失敗」とは道標のことでした。

以上、「竜馬かぶれ伝」。

「ない」ものを「ある」ことにして

合気道場でのこと。また若先生から稽古中、注意を受けました。私の悪癖です。ウケと対峙、私は半身に構えています。片手、片足を相手に向け、腰をおとしてウケに正対しています。ウケは私の片手、その手首を捉えて私の後ろに回り込み、首を絞め上げる想定の見取り稽古です。ウケが摺り足で私に迫った瞬間、「ちがう、ちがう」の注意が飛んできました。若先生で、ウケでなく構えているトリの私への指摘です。「指先が死んでます」と。

相手に向けるその指先が柔道で相手を摑まえにゆく時の手です。天道流は摑まえようとする手の形を嫌います。指を揃えて真っすぐウケに向けるのが基本です。これは合気道の理合いです。

例えば、お酒を飲んでいるシーンを演じて下さいと言われれば、人は必ずコップか盃を持つ手の形にして口元へ持ってゆきます。それでお酒を飲む動きは再現できます。同様の理屈です。〝手の内に剣を持つ〟、それが合気道の構えで、その幻の剣で戦う想定から武道的身体運用をくり返し、心身に沁み込ませるのが稽古です。

〝手の内に剣を持つ〟という幻を身体が信じてくれれば、全身が頭のてっぺんから爪先までぴしゃりと筋が通り、身体に物語が流れ込む。その物語で動くことを極意としているようです。多分、そうでしょう。ずっと手前におりますので、そんな風に極意の境地を想像しています。

兎に角、手の内に「ない」ものを「ある」ことにして動く、それは自分を調えることだと内田師範は『武道論　これからの心身の構え』（河出書房新社）でくり返し以下のようなことを言っておられます。

今、日本人に求められているものというのは、日本人がその心身を調えるときのよりどころとなるような「存在しないもの」です。存在しないのだけれど、ありありと思い浮かべることができるそれを手にしたと感じたときに強い力が発動する。

その実感をもたらすものは、「存在しないもの」です。

私にとって幸いは、青春で〝手の内に剣を持つ〟、その剣に「坂本竜馬」を握ったことでした。

史実の「龍馬」ではなく、小説世界の「竜馬」です。それでもその「存在しないもの」が人生の折々で、どれほど私を励ましていたかと思う時、彼をありありと感じるし、彼からの声が聞こえたように動いて来ました。「存在しないもの」が実は「私」という者を動かしていると伝えたい為に、私の「竜馬」で語ってみました。

その「竜馬」の大本は史上の人物の龍馬です。彼は歴史上の人物で死者です。すべての死者には接する作法があり、その作法を穢すと祟ることがあると私は信じています。

これ、道場でやってみた実験です。ある武道の本に書いてあった練習法で、足腰の鍛錬に使えます。私は受け身の練習にくり返しています。

片足立ちです。

クルリと真円を描いて、受け身をとるのですが、合気道では片足で立ち、両手を広げて前傾姿勢、飛行機の形になって前傾を深め、額が畳に付かんばかりになったところで身体を丸めて前へクルリと回転する受け身です。

この時、片足立ちでバランスを取りつつの飛行機の形というのが難しいのです。年をとりますと、この片足立ちが苦手になっています。道場で細身の女性がおられまして、この片足立ちを懸命にくり返しておられました。

そこで、武道の本で知った練習法をお伝えしました。

どうするか。片足で前傾で前に倒れてゆく時、昔、猿であった時に尻にあった尻尾を想像する。その尻尾を昔、住んでいた樹上を思い出し、後ろの木の枝に巻き付けるのです。なるべく太い枝を選んでしっかりと巻き付ける。尻尾も太い枝もみな妄想です。でもこの妄想がうまくゆくと片足立ちの時間が飛躍的に延びるのです。白川文字学や「竜馬かぶれ伝」で「存在しないもの」のその有力を語ってきましたが、締めはこの小さなコツの伝授で括ります。やってみて下さい。

進化の途中で捨てた尻尾で、今は当然ありません。

でもこの「ない」ものを「ある」ことにして、片足で立つと実に有効です。

私にとって「竜馬」とはそのような存在です。

寝返り

もしも合気道を始めていなければ、決してその本を手に取り、買い求めることもなかったでしょう。

随分と長い間、本屋の棚に踏ん張って客を待っていた一冊で、２００７年に出版され、私が買い求めたのは２０２０年のこと。タイトル『包まれるヒト〈環境〉の存在論』（岩波書店）。

その本の腰帯にこうあります。

〈環境〉の再発見のために
21世紀の人間科学に　いま起こりつつある生態学的転回

ヒトはどこから来てどこへ行くのか――

この小難しい売り文句にたった二文字、気になる単語が混ざっています。それが「転回」。合気道では両足を軸にクルリと向きを変える捌きの型を「転換」と呼びます。難しい技ではありません。嫌な奴が手を握ってきたら、「いやよ」と女性がスルリと手を振り解き、背を向けるつれない仕草に似ています。そんな仕草を人間科学として研究する博士たちがこの世にいるのかと面白く読み始めたのですが、これが大当たり。人間というものを深く考え込む、よい転回の一冊となりました。

そのプロローグでヒトは生まれると環境に包まれるという当然を語ります。先ず、生きものとして乳児は床に寝かされている。彼の世界は天井とかのぞき込む母とか、上に広がる平面です。やがて乳児は背中を感じ、下にも世界があることを知ります。これがヒトの始まりです。このやがて、全身に力が満ちて来ると彼は自らの力で上下を入れ替えます。「寝返り」です。この「寝返り」の回転から彼は人類史をなぞります。ヒトの進化の第一歩こそ「寝返り」です。「寝返り」によって彼はグルリと環境に自身が包まれていることを発見します。新世界の発見です。そこには光が満ち、音があり、匂いや風があります。その新世界の探索のため、彼は這う。「ハイハイ」で水平の世界を確認してゆくのです。段差や床の丸み、割れ目、縁《ふち》など、水平の世界の様々を触覚で探りながら、世界を拡げてゆくのです。這った分だけ世界が拡がってゆくのですから、彼の乳児としての充実は滾《たぎ》るほど熱きものでしょう。しかしこの冒険の旅に壁が立ちはだかります。

どこまでも続く筈の水平世界が途切れて、そこから先へ進めなくなります。垂直世界との遭遇です。正しくは彼は壁にぶつかったのです。彼は探索を諦めません。その壁をも這って進もうとします。その壁を摑み、壁を支えにしてついに立ち上がるのです。「摑まり立ち」で世界は更に拡がります。水平から彼は垂直の新世界を発見し、その垂直の世界に立つと、しゃがむのが面倒で立ったままで冒険を続けます。垂直の世界の中で近くの水平を探して、その水平を摑まえにゆくのです。

次なる水平をめざして、飛び移るその時、彼は「立つ」から「歩く」へ進化を進めるわけです。二足歩行の開始です。面白い理屈です。

この理屈の面白さは赤ちゃんが主語ではないところです。寝かされていた赤ちゃんが「寝返り」をして、「ハイハイ」をしているうちに、「摑まり立ち」が出来るようになって、ついには摑まらずとも二本の足で歩くようになった、とは考えない。人類の最大の特徴は二足歩行といわれています。サバンナのサルであった人類は遠くを見るために、立ち上がったという説があります。この理屈はそう考えません。サバンナがサルを立ち上がらせて遠くを見つけたと考えます。

すべては環境に導かれての進化で、サバンナのサルは環境とやりとり、応答しながら、二足歩行を選択したと考えるのです。もっと短く判り易く話すと、疲れていたから椅子に座ったと考えない。椅子があったから座ったと考える。

そう、人は疲れていなくても椅子があれば先ず座ってしまうサルなのです。その生理生態をアフォーダンスといいます。

なんだか、響きの悪い英語です。阿波踊りの「踊る阿呆に見る阿呆……」に聞こえますが、英語では洒落た単語で、動詞の綴りは「afford」、それを科学用語で「affordance」。原義《げんぎ》はまっすぐに前進するとか余裕があるとかの意味に使いますが、時に、もたらしてくれるという品の良い言い回しに使います。例えば、

The window affords a beautiful view out over the city.
その窓は町の美しい景色を見せてくれる。

とこうなります（英語例文は「オンライン版 ロングマン現代英英辞典」より）。

私が景色を見るのではなく、窓が景色を見せてくれるという表現です。

と、赤ちゃんが「ハイハイ」から「摑まり立ち」して、ついには二本の足で歩くようになったのは、水平と垂直の環境に導かれてのこととアフォーダンスは考えるのです。戦後のアメリカ、認知心理学のジェームズ・J・ギブソン博士の提唱した概念です。大雑把に言いますと、ギブソン博士は人類の始まりを「寝返り」と考えたわけです。赤ちゃんがある日、クルリと回転して「寝返り」した、その「寝返り」で彼は腹の下に広がる、水平の世界を発見した。この発見から人類が始まるわけですから大発見です。

海を渡って大陸を発見するとか月面を歩くとか、遠く火星をめざして宇宙を旅するとか人類の探索行動の一歩目はこの「寝返り」の回転運動から始まったと考えると、ヒトが新しい世界を見つけるためには回転しなければならないのです。生きてゆく初めての技は回転です。

回転運動は一瞬のうちに、環境と私を結んでくれます。私の形、私の重さ、私の中心を自覚させてくれます。私に関わる重力、そして重力との間に生じた慣性、大気、光、匂い、音という情報を伝えてくれるのです。いささか大袈裟ですが、「寝返り」とは実に偉大なアフォーダンスだと思うんですよ。

合気道はその術理の中心にこの回転を置いています。「入身・転換」がそうで、半回転から一回転までどうクルリと回るかが技の基本になります。

アフォーダンス理論が興味深いのは決して合気道とうまく結び付いたからではありません。

ヒトというものを「寝返り」から考えてみることの意味深さです。赤ちゃんが環境の中で回転することで自分の姿勢やサイズを確認して新世界を発見する概念は深く頷かせる理屈です。だって羽生結弦《はにゅうゆづる》から浅田真央、内村航平から平野歩夢《あゆむ》、ＡＫＢからＥＸＩＬＥ《エグザイル》まで、美しく回転することで自分を切り拓く若者たちも存在します。

逆手斬りの座頭市も生き残るためにクルクルと白刃を抱くように回転しています。ならば、クルリと「回転する」とはサバンナのサルから立ち上がって歩き出したヒトにとって、生存と進化のための重大な技なのでしょう。

力を入れて、力まない

遠い昭和の昔、盛り場に流れる演歌のひと節に「押してダメなら、引いてみな」なんていうひと節がありました。がむしゃらな前進ばかりが策ではない。時にクルリと反転、後退もまた策である、という世間智です。

恋の駆け引きなんぞによく先輩から諭された決まり文句でした。クルリと反転、あるいは回転するとは、恋にも役立つ心理の技なのでしょう。

で、ここからは天道流合気道道場での授業風景です。

その日、教授は若先生。齢三十代半ば、父上の管長から鍛え上げられた技と自らで作り上げた体軀を持つ若き武道家です。その若先生が稽古を始める前に道場生に語りかけます。「合気道は相手が引いてきたらついてゆきます。決して逆らいません」と。このあたり、合気道は独特の武道です。引いてくる相手に対して引き返すと、それをぶつかるとよんで、技の滞り、あるいは流れを遮断するエゴと見て、激しく嫌います。合気道は仮想敵である相手にも存分に働いてもらう。そしてその力を借りる、あるいはその力に乗じることを理合いにする武道です。

では、相手が押してきたらどうするか。若先生は続けます。「押して来たら、押されるか、いや、後ろに転ぶと危ない。だから回転するんです。その場で反転、あるいは一歩踏み出して回転する」。ここに基本の体捌き、入身・転換の技が生まれます。「だけど」と若先生、言葉を継ぎ、強く続けます。「ただ回ればいいというもんじゃない。技として回るわけですから、回ることでまた力を借りるわけです」。どこから力を借りるか、地球の重力に生じる遠心力から借りる。その遠心力を生じさせるために、しっかりと身体の軸で回転しなければなりません。「では、やってみましょう」と若先生。二十名ばかりの道場生と道場に広がって入身・転換です。半身に構えて、その定位から一歩前へ踏み出して、クルリと回転する。ただそれだけの動きですが、美しく回ることをめざすと難しくなります。そうなんです。クルリと回るだけの動きですが美しく回れ、という命題を抱えると難しくなります。

皆、クルリクルリと回ってますが、若先生の指摘が厳しく飛びます。「手で回るんじゃないんです。足でも肩でも駄目です。しっかりと大きく回るためには腰です。腰で大きく回るんです」。

出た。武道修業の謎の言葉、「腰」。この「腰」が出てくると武道のみならず、スポーツも難度が増します。ゴルフなんぞがそうです。ゴルフクラブを握りしめて上体を捻り上げる。で、捻れるところまで捻り上げたら、パッと捻りを解く。クラブを振り下ろすわけですが、この時、「腰」から解けとレッスン書は教えますし、レッスンプロの方も遠くまで飛ばしたいなら、「腰で打て」と仰る。さんざんそう教えられて来ましたし、教えの通り、やってもみました。

でも……出来ません。しっかりとゴルフクラブを握りしめているのです。腰が動く筈がない。トップまで捻り上げた上体で、自分の身体とはいえ、腰は遠過ぎます。近くで動くところは道具を握っている手だけです。だから手でクラブを振り下ろす。出来るだけ力を込めて振り抜く、すると……これが曲がるわ、飛ばないわ。するとレッスンプロが「手で打ってます。だから曲がるし、飛ばないんです。いいですか、ゴルフは腰で打つ」。「はい」と元気に返事をしても、内心の呟きは「嘘だ、道具は手で握っているのに、腰で打てるわけがない」と暗く反抗しておりました。

何故「腰」なのか、どう「腰」で打つのか、それが判らず教えて貰えずただ手打ちとのみ叱られて業腹《ごうはら》も立ち、拗《す》ねて我流を通した三十年です。で、ゴルフ上達をすっかり諦めて、合気道へやって来たら、又候《またぞろ》謎の部位「腰」が行く手を阻みます。鬱陶《うっとう》しく迷いながら回っておりますと、すぐに若先生に見つかりました。「武田さん、手で回ってます。腰で回って下さい」。積もりに積もった疑問です。積年の恥をこらえて若き師に尋ねてみました。三十年を賭けて。「若先生、何故手で回ってしまうのでしょうか」

若き師言わく、「手に力が入っているからです。肩と腕から力を抜いて下さい。すると腰に力が入ります」。

指導の言に従って、肩・腕から脱力。すると、あれほど遠かった腰を在り在りと感じる。そこに力を入れて回転する。すると……若先生、叫ぶが如く、「出来た！」とお褒めの一喝。三十年、出来なかったことが一瞬で出来るようになったのです。外見の動きはほとんど変わりません。でも動きは「腰」で回ることで質的な転換を獲得したのです。私の身体に中心が出来たのです。なんと、三十年かかりました。私ほどの感動はなく、若先生は当然の如くもう隣の道場生に注意を与えています。

若き師は明るく我らを諭します。

「力を入れるとそこは自由に動きません。しかも人間の身体は1ヶ所しか力が入りませんから、力みは動きをせき止める原因になります。美しく大きく回るためにはしっかりと力を抜き、腰を立てて、手足を従えることです」

なるほど、と深く合点します。女子プロゴルファーでアメリカで活躍する畑岡奈紗は小柄な選手ですが大きな戦績を残すプロです。このプロは試合で（恐らく緊張をほぐすため）ドライバーショットの前にその場で小さくジャンプをくり返します。恐らく緊張で肩と腕まで昇ってきた力を下へ降ろしているのでしょう。

羽生結弦は生きながら伝説となったフィギュアスケーターです。彼は試合でリンクに飛び出すと胸の前で大きな十字を切ります。初め、祈りの仕草かと思いましたが随分と大きな十字です。聞けば、この十字で彼は自分の水平と垂直を確認しているそうです。これらはすべて美しく大きな回転を得るために、プロの選手たちが編み出したルーティーンです。目的はひとつ、回転のための中心線、あるいは中心点を定めるためです。その中心線を運動では「軸」といい、その中心点を武道では「丹田」、そして中心をしっかり持っている姿勢を「定位」とスポーツではいい、武道では「構え」といいます。

つまり、老いたとはいえ、一度だけ美しく回転出来た私は羽生や畑岡、内村航平、大坂なおみ、大谷翔平と円周の大きさは違えども同心の円の内を回ったことになるわけで、私の感動はそこにあります。まあ、ほとんど妄想ですが、そんな感動をさせてくれたのは合気道です。気付かせてくれたのは下手くそなゴルフです。

すべての回転運動には、中心が必要であり、そこは静かで澄み切っていなければならない。三十年かかってやっと理解出来た極意です。

しかし合気道は次の謎を用意しています。入身・転換から始まったその日の稽古です。一《いっ》教《きょう》、二《に》教《きょう》といくつかの連続技をなぞった後、残りの五分間を利用して若先生の教授は「呼吸法」をやろうとの指示です。一教というのは腕抑えの技、二教というのは関節をしっかり固める技ですが、複数の動きを組み合わせて展開させていきます。

「呼吸法」とはヨガのように呼吸そのものについての教示ではありません。正座して向かい合った両者という想定で始めます。ウケ（仮想敵）はトリ（私）に対して両手を押さえて拘束しようとします。恐らく侍の時代に室内ではこのような無刀の格闘がいくつもあったのでしょう。そこで生まれた体技です。ウケが両手で、トリの両手を押さえ自由を奪おうとする瞬間、トリは両腕をクルリと巻き上げて、ウケの動きを突き上げて崩し、横へ投げ捨てます。二人の息が合うと、ウケとトリの躍動は、波が大岩に打ち寄せて、高々と波立ち、しぶきを上げて海面に落ちるような美しい光景となります。その息を合わせる稽古を「呼吸法」と合気道は名付けています。

早速にマルクスさんとやる。体軀堂々たる在日ドイツ人で腕前は師範代の務まる高段者。ウケで私の両手を押さえに来ます。これが強いのなんの。トリの私の両手が膝にある、その上に巨大なマルクスさんの両手が押さえに来ると、もうピクとも動きません。マルクスさん、やさしい声音で「おそい、おそい」と指摘。降参して、すぐにやり直し。今度こそと……マルクスさんの肩が動いた瞬間に腕を巻き上げる。だが、マルクスさんは前より速く動いてトリの私の手が膝を離れたその上から強力に押さえて来る。やさしい声音で「腕の力、使うから遅い。肩と腕の力に頼るから弱い」と。では、どうすればよいのか。マルクスさんは腹を指します。「丹田の力を使います」と。出ました、謎の武道用語「丹田」。「腰」同様の武道においてのミステリアスポイント。

「腰」を落とす、「腰」で斬る、「腰」を入れる、「腰」で押す、「腰」を据える等々があり、また「腰」をうまく使えていないと、「腰」が引けてる、「腰」くだけ、「腰」が高いなど叱咤されるわけです。身体の部位である「腰」にこれほど多くの意味を求める身体文化は世界広しといえども、日本ぐらいでしょう。更に「腰」で、その人の心理というか、本気、情熱までも表現することがあり、「本腰を入れる」などと言います。

この「腰」に並ぶのが、武道修業でしばしば使われる「丹田」です。腹部のどこかにあるのでしょうが、判然としません。

お臍《へそ》の下あたりとされていますが、点で「ここ」と教えてくれる人はいません。ヨガでいうところの、第一のチャクラあたりですが、漠然としています。しかし重大な部位です。

マルクスさんは丹田こそ底力の湧出《ゆうしゅつ》するポイントと説きます。

やってみる。

正座で対面。……今度こそ……マルクスさん、腰を浮かせて私の膝の上の両手を押さえに来る。私は腕、肩の力を抜きヒラリと手のひらを返しつつ、両腕を上げる。その動きを大きな酒杯を持ち、飲み干すようにと合気道は教えます。マルクスさんが私の手首を摑む。摑むが私は脱力しているので、マルクスさん力の入れようがない。そうです、押さえるには相手が押し返して来ないと押せないわけです。

その瞬間に、私は丹田からの力を湧き出させて、腹、胸、肩から腕へと伝えて、マルクスさんに渡す。マルクスさんは下からの突き上げる力に半立ちになり、両脇が開いてしまう。その体勢の崩れたところを、私は両腕を横に払い、斬り捨てる。巨漢のマルクスさんは横跳びに転がります。私はありありと丹田を感じました。

なるほど、丹田とは使わなければ発見出来ない身体の部位と学びました。興味深いのは、ここでも脱力です。「腰」であれ、「丹田」であれ、全身の力を捨てたところにスイッチがあり、どこかに力が入っていると消え失せてしまう幻のチャクラです。正に、力を入れて力まないという逆説に満ちた極意のチャクラです。

受け身をとって、起き上がってきたマルクスさんにこの興奮を報告しようとしたら、マルクスさん、再び私の両手を押さえて、とても優しく「おそい、おそい」と指導します。

そう、丹田を使いこなすには兎に角、くり返すこと、と伝えたかったのでしょう。柔和な表情で厳しく指導するのがマルクスさんの教授の仕方で、私はそれを密かに、マルクス主義と名付けました。

しかし、何故ここまで武道は、そして競い合うスポーツは腰という部位に動きの中心を置くのか。あるいは丹田に力の湧出するチャクラを想定するのか。謎多き「腰」「丹田」です。

合気道をヒントにしてずっと考えてきました。何となく、これかと思い当たったのは、前述で紹介した『包まれるヒト〈環境〉の存在論』、アフォーダンス理論の中の写真でした。写真は「ハイハイ」する乳児で、その「ハイハイ」を真上から連続で撮ってあります。その写真の横に図で真上から見た泳ぐ魚のシルエットが並べてあります。アフォーダンス理論は乳児の「ハイハイ」と魚類の泳ぐ姿が同一のものであると主張します。

つまり「ハイハイ」で左膝を前へと同時に右手を前のくり返しが「ハイハイ」。尾ひれを左へ振って右へ進み、次に尾ひれを右へ振って左へ進むことで真っすぐ泳ぐ魚類たちです。背を左右に波打たせるわけですが、この時、前進の原動力となるのは、赤ちゃんではお尻、魚たちは尾ひれ。その推力の原動機、お尻の別名が「腰」であり、「丹田」と言えるわけで、その正体は魚類の時の尾ひれとアフォーダンスは説きます。なるほど私たちは尾ひれを推力にして立ち上がった魚なのですねえ。

武道において、あるいは競技スポーツにおいて私たちが競い合っているのは実は魚類であった時の身体の記憶なのでしょう。羽生結弦さんが氷上で挑んだ四回転半は八景島シーパラダイスのプールから回転しながら水上へ飛び出したイルカと同じ身体原理ですし、テニスの大坂なおみさんの強烈なサーブは水中からドルフィンキックでジャンプしたイルカに似ています。

私たちの身体の凄さは魚であった頃やトカゲであった頃、サルであった頃の動きを記憶している、そう思うと神妙な心持ちになります。「丹田」こそ、その記憶の扉です。まだ身の内にヒト以外の生きものだった頃の記憶が刻んであるかと思うと合気道修業が命を遡《さかのぼ》る旅にも思えて面白くてならないのです。

で、「丹田」のチャクラという扉の開き方ですが、押すにしろ引くにしろ、力を入れて、力まない、です。脱力とは極意です。

この主題《テーマ》をまだ続けます。

袖すり合うも……

その日の稽古でした。若先生が手本を見せて下さる。向かい合うウケ（仮想敵）は尾崎五段で、本道場の四天王のひとり。向かい合うと間髪入れず、ウケは若先生（トリ）の道着の襟を摑んで来る。ほとんど同時に若先生は一歩踏み出し、ウケの顎に張り手を入れる。ウケがのけ反る隙に、ウケが摑んでいるその腕をくぐる。くぐって反転、ピタリとウケの横に並ぶことになり、そこから一歩前へ踏み出せば、ウケは腕を巻き取られているので、自らで前へ転ぶしかない。一瞬の技ながら、これほどの言葉が必要で、その動きも文字では鮮やかに伝わらないと思いますが、どうか御容赦下さい。主題は先にあります。兎に角、そんな技で……林三段と目が合い、早速稽古してみる。

林三段は実直な方、十代のお嬢さんと道場通いを続けられている温かな人柄で、笑顔がこの人の普段の表情です。その林三段がウケを担って下さる。向かい合うと襟取りに来る林三段。踏み込んで平手の当て身を（危険なのでフリだけで）顎に当て反転する私。ところが、反転すると私の襟を摑んでいる林三段の腕が外れています。止むなし。並んだ私は林三段の背中を手で押して前へ転ばす。ちょっと違うが大体同じ、という出来映えです。クルリと受け身をとって林三段、再び襟取りに来た。くり返しますが、私が反転するとまた林三段の腕が外れている。どうにも若先生が見せてくれた技にならない。再び手で、林三段を突き飛ばす。何故だろう。（アレ……!?）と首を捻る私。きれいな円で受け身をとり、私に林三段は笑みを大きくして、「武田さん、卑怯ですよ」と笑っておられる。

そりゃそうですよね。若先生の見せてくれた技はクルリと転換の後、一歩踏み出すだけでウケを前へ転ばせていました。私のはウケの腕が外れていますので、ウケの背中を押して転ばせているわけで仰る通り「卑怯です」。何故、林三段の腕は私の場合、外れてしまうのでしょう。

ここで林三段からの指摘です。

「武田さん、入身・転換が大き過ぎるからですよ」とのこと。

そう、私は当て身を食らわせて、ウケの腕の下をくぐる。この時、大きく反転するので、林三段が摑んでいる襟取りの手を私が振り切っているのです。私が下手です。それではこの技にならない。ではどうするか。反転する円を小さくすることは当然ですが、林三段はそれを絶妙の喩えで語られる。三段は技を現実に置き換えて、「現実としては、私は武田さんに摑み掛かっているわけですから腹を立てているのでしょう。私は武田さんの背広の襟を取って殴るか、押し倒そうとしている」。この技はそういう想定です。そこで私は当て身を繰り出す。しかし当て身は陽動の張り手で、倒すためではない。出鼻を挫く猫だましで、一瞬相手をひるませるだけでいい。この技の主題はその隙に相手が摑んだ腕の下をくぐり反転すること。そして相手が摑んでいる腕を決して振り解かずそのままにさせてあげること。怒りか憎しみか摑み掛かったその腕をそのままに、その人に寄り添う。ピタリと真横へ並んであげる。すると……その人は摑んだ腕にしか縋るものがなく、私がその人を支えてあげるという組討ちの形になります。その人は襟取りの腕を離さない限り、一歩前へ私が踏み出すと前方へ転ぶしかないのです。

私の下手は、この仮想敵に対して、距離をとり、突き放したところです。振り解く、投げ飛ばす、突き放す、殴り倒す、など他の格闘技ではそれを技にするが合気道はしない。仮想敵に対して協力してあげる。寄り添って、仮想敵から力を借りる。「だから私を、この野郎と思わずこれも何かの縁だと思うこと」と仰る林三段。

だらだらと技の説明が長くて、御免なさい。でも、ザッと稽古の動きを想像してもらえないと、一連の動きの中で出会った言葉を主題に出来ないのです。

で、ここではこの言葉「これも何かの縁」をテーマにします。

合気道とは何と奇特な武道か。稽古の想定を現実に置き換えれば、激昂した相手が手を伸ばして背広の襟を摑んできた。これはトラブルで暴力沙汰です。若い言葉で言えば、ヤバイ。相手とこれから最悪最低の人間関係に突入したわけです。このマジヤバイ瞬間、相手が手を出して来た、その手を「これも何かの縁」と解釈せよと合気道は言う。その危険な相手に対して、摑んできた腕を振り切らず、そのまま持たせてあげなさいと命じる合気道です。迫る敵に対し、身をぶつけない、退かない、はたかない。こちらも一歩踏み出し、反転、寄り添えば、相手を制する技になっていると合気道は言います。

面白いですねえ。征するのではありません。制するのです。この技で重大なのが、相手が摑んでいる腕をそのまま持たせたままにしてあげること。そのためにはこの相手の摑んでいる腕の圧を感じて、切れないように守ってあげねばなりません。飛び掛かって来た相手の摑む手は、恐らく怒り、憎しみに満ちているでしょう。その激昂を常に胸元の肌に感じて、己の「武」を舞いなさいと合気道は命じています。そのため、相手を、敵を感じるセンサーとして皮膚を使えと命じています。なるほど合気道とは「肌」の武道なんですねえ。

ジェームズ・J・ギブソンのアフォーダンス理論によれば、サバンナに立つサルであったヒトは「寝返り」から「ハイハイ」してゆくうちに摑まり立ちして、立ち上がり、次に摑まる水平の棒を求めて、立ち上がったまま伝い歩くうちに二足歩行を獲得したといいます。また異説ではありますが、よちよち歩きのサルの時、草原から海へ出た。海辺で浅瀬の水に腰まで浸かり、海草か貝か小魚かそんな食物を追う内に海が歩行器となり歩行のための下肢を鍛えたという水生類人猿説があります。この時、濡れて重くなった体毛が動きの邪魔になり、おおよそ七万年前、体毛を脱ぎ捨てる選択をしたという説があります。皮膚を視覚、聴覚に続いて感覚器として選択したのです。

なるほどアフォーダンス理論と合気道が溶け合うのが面白い。ヒトは環境を資源にして進化したサルであるとアフォーダンス理論。合気道は敵からの攻撃を資源に敵を制する武道です。毛を脱ぎ捨てたサルと同様、全身の皮膚で敵を感じることが技を生みます。敵とは環境です。その環境に注文はつけられない。また、私に快適な環境などこの世にある筈もない。私を嫌いな人もいる。年を取る不調も身体のあちこちにあります。でも、そのすべてが私の環境です。アフォーダンス理論も合気道も、それを資源にしなさいと命じているのです。話をでっかく、人類の曙まで遡れば、歩行のためアフォーダンスによって毛を脱ぎ捨てた私たちはサルです。そして皮膚を発見し、全身を感覚器にした。暑さ寒さは衣服で調節することにした人類です。衣服で皮膚を守ることにしても、感覚器として、皮膚は重大なセンサーです。侍は皮膚で殺気を感じ、サラリーマンは社内の空気を皮膚で読み、人間は肌で合う合わないの相性を決めます。もしかすると、視覚や聴覚より、皮膚は重大な感覚器なのかもしれません。

合気道では仮想敵が摑んでいる襟の圧力で、次の動きを察します。握手は世界共通の敵意がないことを確認し合う触感ですし、男女の愛撫は言葉に頼らず、愛情を肌から肌へ伝えることが出来ます。母が子を抱きしめると、皮膚はすべての不安を打ち消します。思えば、皮膚は他者、あるいは環境を感じ取る最高のセンサーなのですね。仮想敵が襟を摑んで来た。私を攻撃するその腕を「これも何かの縁ですよ」と解釈する。アフォーダンス理論の環境ということにすると、このトラブルが私の人生の資源になるわけで、次なる進化の糸口になるかもしれません。

視覚、聴覚に続く触覚とは、やっぱり重大なセンサーです。「袖すり合うも他生の縁」と昔の人は言ったそうです。着物の袖がすり合ったそれだけが実は前世からの縁かもしれないという諺《ことわざ》です。

皮膚で人を感じる、皮膚で環境を見る、皮膚で世界を読む……またひとつ合気道から教えて貰いました。皮膚で感じるものは、好意や愛、逆に怒りや憎しみであっても縁なのですねえ。

山の神

アフォーダンス理論を紹介しつつ、この理論を日本で研究なさっている研究者に佐々木正人さんがおられます。『包まれるヒト〈環境〉の存在論』という様々な研究者が寄せた論文をまとめた一冊で、締め括りをエッセイのような文章で飾っておられます。その文章が実に印象的で、誰にでもある遠い思い出を語っておられます。その思い出は初めて泳げた時、そして初めて自転車に乗れた時の興奮です。

それは決して言葉で正確に語ることの出来ないあの体感の経験です。水没の息苦しさ、転倒の恐ろしさに耐えながら、無様なブクブクとフラフラの蛇行をくり返すうちに、アフォードの瞬間が突然やって来る。全身で水を感じ、その水を手で掻き、足で蹴る。と、突然水が迎えに来る。泳いでいるのだ。あるいはグラグラとハンドルを切りながら、転倒から逃れようと夢中でペダルを漕ぐと突然、自転車が推力を得て直進している。ついにペダルを漕ぎ続け、大気の中を疾走しているのだ。その環境を資源にして、少年が環境と新しい関係を獲得した瞬間だと書いておられました。

アフォーダンス理論とは懐かしい思い出の中にも潜んでいるのですねえ。水と自転車のアンバランスは少年を挫く仮想敵であったでしょう。しかし、その対決を縁として、皮膚で水圧を感じ、肌で風を摑んだことにより少年は環境から推力を得たのです。なるほど、です。重力から泳ぐことと漕ぐことを学んだのです。このアフォーダンス理論が私の長年の謎を解いてくれました。佐々木さんのアフォーダンス理論の続きです。

毎年、お正月恒例の関東圏大学対抗の箱根駅伝です。この往路五区に格別に注目を集める選手が登場します。箱根のあの厳しい上り坂を得意とするランナーで、特に「山の神」という名が冠されます。私がTV観戦したその大会には特に「上り勾配《こうばい》」に強いと評判の選手が出場しておりまして、中継アナはヒートアップしておりました。さあ、往路五区の選手が襷《たすき》を受けて山路を登ってゆきます。その「山の神」は四番手か、五番手で襷を受けたと思います。トップとの差は5分ほどもあったかと思います。数秒で10メートルの差がつく陸上競技でそれは致命的な差でした。ところが彼は次々に順位をあげて、そしてついに首位の背に付くと、坂の勾配がきつくなるポイントでサラリと抜いたのです。先頭の選手は上りの勾配に表情を歪めていましたが、「山の神」はまるで平地を駆ける静けさで抜きました。

彼らが走っている箱根の坂は私も車で登ったことがあり、天下の険と歌われた急勾配です。それを表情も変えず、走り登ってゆくそのランナーの脚力に驚嘆しました。私はその脚力をもってすれば、国内のマラソンだけでなく、この人ならばオリンピックでもアフリカ勢と互角の走力で競い、メダルも届くと見惚れました。だってあの「上り勾配」を平地同然に疾走出来るのですから。

ところがです。数年後の社会人対抗の駅伝競技で平地を苦しそうに走る「山の神」の姿をテレビで見つけたのです。順位もタイムも凡たる成績で、襷を渡し終えた彼は地面にしゃがみ込んでシューズの先を虚《うつ》ろに睨んでいました。あの「上り勾配」を駆け登ったランナーとは別人でした。あの脚力は一体何だったんでしょう。坂道を平地同然に走る走力があれば、彼が日本で最強の長距離ランナーの筈です。それが地方の田園の平べったい国道を走る時、何故彼はあんなに苦しそうな顔だったのでしょう。箱根の「上り勾配」の方が遥かに苦しい筈です。

この私の謎を解いて下さったのは、佐々木さんのアフォーダンス理論です。この理屈から、あの山の神といわれたランナーは他の選手が発見していない、「上り勾配」から推力を得るという走力を獲得していたのでしょう。彼は箱根の「上り勾配」に包まれると上り坂が後押ししてくれる希有な体感を使うことが出来た。「上り勾配」にアフォードして、尋常ではない走力を借りることが出来たのです。あの走力はあの「上り勾配」との関係で得られたもので、平地を走る時、その走路は彼に何の力も貸してくれなかったのでしょう。

アフォードする力にはまだ発見されていない、凄まじい力が潜んでいるのでしょう。スポーツというのはその意味で先ず環境が設定されるので、これほどアフォーダンスが見学出来る場所は他にありません。「山の神」を箱根山という走路が包んだように、スポーツ選手には彼らを包む環境があります。羽生結弦にはリンク、内村航平には鉄棒やマット、大坂なおみにはコート、平野歩夢にはスロープ、池江璃花子《りかこ》にはプール、西矢《にしや》椛《もみじ》にはストリート、そして大谷翔平にはマウンドとバッターボックスという、その環境から凄まじい力を彼らはアフォード出来るのです。氷、雪、水、芝生、地面、斜面、マットという困難な環境から力を借りられる若者たちです。

旧人類として、日本の令和の若者の活躍は何故だろうと考えます。一体これら若者を世界的に活躍させる進化の原動力は何なんでしょう。私は戦後の昭和に若者だった者ですが、平成、令和と来て、オリンピックでもメダル数は倍ほども違います。そのスポーツの本場とされる場所で、幾人かの若者はそのスポーツの歴史を塗り替える存在として注目を浴びています。凄いことですが異様なことです。昭和の頃は世界との差は「壁」と呼ばれ、骨格や筋肉、習慣や言葉まで世界で通用しないのは日本に生まれたからでした。それほど日本という環境はスポーツに不適でした。日本とは貧しいスポーツ環境の国でした。ところが、近頃、誰も「壁」を話題にしなくなりました。そう、その「壁」に令和のアスリートたちがアフォードし始めたのでしょうね。その新人たちを私は旧人類として羨《うらや》ましく眺めています。まるでネアンデルタール人がクロマニヨン人を見るように。進化した子孫を見るように。

毛深い昭和原人から見て令和新人は何より重い体毛を脱ぎ捨てた美しい肌を持っています。これは素人の推論ですが昭和原人と令和新人の差はこの皮膚ではないかと思います。彼らは世界の中でも、特に皮膚が優れた若者たちと思うのです。私たち世代といえば、皮膚といえば乾布摩擦でこすって鍛える外皮だと思っていましたが、大間違いでした。皮膚は視覚や聴覚、嗅覚、さらに触る触られる触覚よりも遥か以前、環境と私の境界でした。サバンナのサルはその皮膚を感覚器にするために毛を脱ぎ捨てたわけで、恐らく人類への進化は脱毛から始まったのではないでしょうかね。それが七万年前のこと。裸のサルから衣服を発達させて、寒冷地へも進出した人類はやがて地球上に散らばったのですが、ここ数千年はこの衣服を発達させ過ぎて、そう特に厚着し過ぎて、皮膚で見たり聴いたりすることが下手になってしまったのでしょうね。衣服を着込むことで、すべての判断を頭に任せ過ぎているんです。

頭の中の脳には、敵か味方かを感じる扁桃体があり、過去の体験などと照らし合わせて、逃げるか、戦うかを考える前頭葉に連絡がゆきます。扁頭体は不安や脅えの感情で警戒し、前頭葉に連絡して過去の対戦成績など引っ張り出すのです。そんな風にして、負けそうなら逃げ、勝てそうなら戦いました。敵か味方か、それを判断するのが生き残るためには絶対に必要です。しかし、この扁頭体と前頭葉が時に間違うことがある。扁頭体の感性、前頭葉の知性だけでは検索出来ない感情がこの世にあるのです。「愛」です。扁頭体の敵か味方か、前頭葉の過去の対戦成績では検索出来ません。「愛」を検索出来るのは皮膚のみです。指先が触れただけで、その人に好感を感じたり、あるいは生涯共に生きてゆこうと決心する時、男女は、あるいは愛し合う者同士は、裸になり皮膚で愛撫を交わします。性愛において、愛撫は扁頭体と前頭葉の判断を打ち消すほど強力です。皮膚は「愛」を感じ取ることの出来る唯一の感覚器です。

世界で活躍する日本のアスリートはその皮膚が優れているのです。箱根の上り坂から、走力をアフォードしたあの「山の神」はあの「上り勾配」から「愛」を感じ取る皮膚という才能の持ち主だったのでしょう。

そして私には人生の上り勾配を共に登る「山の神」がおりまして、そう女房のことですが、兎に角、しんどい高齢者というこの坂道、全身の皮膚を敏感にして、この「山の神」から走力をアフォードせねばと思っています。

道場の四季

夏

私の合気道修業は夏から始まりました。一番最初に仲良くなったのは山本さんでした。山本さんは天道館四天王のひとり。腕におぼえありの先達で、働き盛りの壮年の紳士。飄々《ひょうひょう》とした風貌で腰軽く、道場のイベント（道場生の親睦会、合宿など）では先頭に立って幹事役を務めておられる。

天道館の特色か、恐らく清水管長の姿勢なのでしょう、武張ったオーラを嫌われます。怒鳴るような挨拶やら、準備運動の奇声のカウントやら、合宿の時など、合宿所の玄関先で道着で語り合っていると、「通る人が驚く」と厳しく注意をされます。武道家にありがちな粗暴な元気よさが管長はお嫌いなようです。

この天道流でお手本のような人柄が山本四段です。ひょろりとした身丈で気配もふわりとした人当たりの人。ところが合気道ではその熱心さは剛の者。数年間、朝・夜、土日稽古のすべて、早朝は6時30分から宵のうちの8時30分までの授業を受けた猛者《もさ》です。山本さんは会社を経営なさっていて、社長さんというのが世間での身分ということですが、私たちはその顔を知りません。私たちが知っている山本四段は柔らかな技の人。この人にうつ伏せにされ、肩を極《き》められ二教や三教という技で捻《ひね》り上げられても痛みを感じません。カンフーにしろ、柔道にしろ、関節技というのは相手に「参った」を突き付ける技で、激痛を与えることで観念させるのですが、合気道の極めはことごとくこの関節です。とても危険で、それ故に大半の合気道場では実戦は禁止。激痛の手前で「参った」の合図を送れば、技は解かれます。それが約束の稽古です。

ところで山本四段。この人の関節技の極めは技の入りが緩やかで痛みの量がゆっくり小から大へとチャンネルを回します。それゆえに痛みへゆくまではこの関節技が気持ちいいのです。ちょうど腕のいい整体師さんからストレッチを受けている心地で、縮んだ肩こりの筋肉がガムのように伸ばされるのです。そうです。関節技というのは、基本はストレッチなんですね。天道流はそのことを頻りに言います。関節技を交わし合う時は相手の肩回りをほぐしてあげるつもりで極めに入るようにと、管長は指導されています。

山本四段はその教えに実に忠実で、極めに入る時、うつ伏せにしたウケの肩、背中をいい音させてパンパンと叩きます。まるで温泉宿の寝床でマッサージの施術を受ける時の塩梅です。このパンパンで肩、背中から力を抜くと関節技がだんだんと深くなるのです。初め早かった「参った」が、山本四段に極められているうちに、三つ四つ後まで耐えられるようになりました。強くなりましたねえ、とこの四段は言いません。何と言ったか。「柔らかくなりましたねえ」と褒めて下さいました。

この人にとって、強さとは柔らかさのことなのでしょう。

これは私の思い上がりか、勘違いかもしれません。でも何年か、合気道を続けてゆくうちに自分が少し変わって来たと自覚することがありました。これは今までの俺ではないという気付きです。

始めて三、四年経った夏のこと、あれっ、と我が身を振り返った出来事です。笑わないで下さいね、あのう、部屋の隅にあるゴミ箱に無精して紙くずを投げ入れると、入る。一発で入り、なんとなく外すことがなくなって……時に、この遠さでは無理だろうと思う距離も試すように投げると見事に入る。投げた瞬間、強過ぎたと思っても壁に当たって入るし、しまった弱いとあきらめた途端、ゴミ箱のふちにはねて入るのです。その投入成功率が格段に高くなっておりまして、ゾクリと自分に驚く次第です。いえ、ゴミ箱にゴミ投げ入れる腕前の為に合気道を始めたわけではないのですが、武道がその人を変えてゆく兆候として、ひょっこりとこんなことが起こるのでしょう。武徳のひとつと私は思っています。で、話をでっかくします。

大谷翔平というメジャーリーガーがよき投手をめざして己を鍛えていた青春時代、美しい投球をめざして自分に課したルーティーンにゴミ拾いという習慣があったそうです。落ちているゴミを一日ひとつ拾うとひとつ分、投球がうまくなるという習慣を信じていたそうです。対戦相手のバッターが大谷の投げたボールでバットを割ってフィールドに散らかすと、大谷自らがマウンドを降りて、バットの破片を拾い、バッターに渡しに行ったのです。この大谷のゴミ拾いは観衆を感動させました。一体、何故感動させたのか。そうです、ベースボールを観に来た観客に、大谷は野球を披露したのです。大谷はベースボールを野球と解釈しているわけで、それは武道とも呼ぶべきもので、彼の呼び名そのものが「二刀流」です。観衆はメジャーリーガーではなく、サムライの野球に喝采を贈っているのです。

で、話を元へ戻します。

私が天道館へ入門した頃の十年ほど前、山本四段は白帯でした。この人はわずか十年ほどで四段まで駆け登り、今は師範代も務まる力量の人です。驚くべき上達ぶりですが、その力量を武威で、肩を怒らせることもなく、この人は飄々と相手の肩をもみほぐしておられる。それが山本四段の合気道の解釈なのでしょう。何度も目撃したシーンですが、よくゴミを拾う先輩です。ウケ・トリに分かれて技を交わし合う時、受け身をとって転がる時も、うつ伏せに関節技を極められた時も、小さな糸くずのようなゴミを畳の上に見つけると指を押し当てて拾う。そして、それを懐深く仕舞うのです。いちいち捨てにゆけば、相手を待たせることになる故に、山本四段は貴重品でも仕舞うようにゴミを懐に抱くのです。この武徳の積み重ねが、四段への昇段を後押ししたのでしょう。温和ながら、この人もサムライですねえ。

そう言えばこの人を見るにつけ、ひとり思い出すサムライがいます。日本映画史上、最高傑作と称讃される、黒澤明監督作品『七人の侍』。その「七人の侍」の中のひとり、千秋実さん演じる「林田平八」。平八はどこか、とぼけたサムライで、人当たり柔らかで、野武士から村を守るため雇われたサムライのひとりですが、皆の結束を固めるために針仕事で旗を作ったりする気遣いのサムライです。このキャラクターが好きです。「陽気なサムライ」。

ゴミをゴミ箱に投げているようじゃ駄目ですねえ。そのサムライをめざすなら、やっぱりゴミを拾うこと。それが武徳を拾うことにもなるのでしょう。

山本四段の風貌は私にとってめざすべき旗です。

秋

山﨑先輩は天道流四段の腕前。技は峻烈、スキがなく教授された技についても鵜呑みせず、己の身体でくり返し、咀嚼しておられる。齢は八十代半ばにして、痩身、秋日和のような穏やかな表情ながら、技の攻防に入ると秋霜の厳しさで応じて下さる。

山﨑先輩は役所の用語でいえば後期高齢者という年回りにおられます。ポツリポツリと昔語りをなさる時にお聞きした身の上は、土佐に生まれ、東京では大手自動車メーカーで定年まで勤め上げられた。さて、その定年後身を持て余し、身体を使う理由が欲しくて、この道場の門をくぐったと仰る。それが六十代の後半で、そこから四段に昇るまでの精進を積まれて、道場通いを続けておられます。痩身ながら山﨑先輩はタフです。失礼ながら、その御高齢で中高生相手に攻守を交わしても息を切らせることなく、稽古を続けておられる。「ちょっとタンマ」と息継ぎのため稽古を止める私と大違い。多分、この方に次いでの高齢者が道場生の中で私でしょう。山﨑先輩はめざすべき先輩です。

それは秋の、ある日曜の昼下がり。西側の窓外、澄んだ秋空が広がり、道場は昼稽古に励む道場生で一杯です。道場は明日、月曜日は定休日ですので、どこかホッとした気配が漂います。で、ボチボチ終了の正午過ぎ、今週締めの稽古相手が山﨑先輩でした。二教からの連続技。ウケは私で、向かい合うと、トリの山﨑先輩の手首を押さえにゆく。先輩、クルリと入身・転換、私が押さえた手首に己の手首を巻き付けながら、腰を沈めると私の手首に激痛が走ります。二教の関節技です。相手の手首に己の手のひらを巻き付けるのですが、何となくニシキヘビが獲物を絞め上げる動きに似ています。急いで「参った」の合図を送ると、技とは変化します。二教で極めた技は解かれて、山﨑先輩、大きく転換しながら、摑んでいる私の腕ごと、大きな円を描いて私の姿勢を崩し、裏返し、空いた脇へ入って私の肘を突き押して……と続く技。スキのない厳しい山﨑先輩の二教ですが、くり返すうちに御本人が頻りに首を捻っておられる。己の技について、不満の様子です。

「気に入りませんか」と尋ねると山﨑先輩、コクリと頷かれて「どうもうまくゆかんでね……」と仰る。そんなことはない、手首に極《き》まった二教の痛みは厳しく、スキなどないですとお伝えすると、「そこなんだ」と仰る。山﨑先輩の不満はその痛みの質についてでした。

「ボクの二教は痛いでしょう」と問われた。

「はい、飛び上がるほど痛いです」と褒めたつもりでお答えしたが、溜息ついて考え込んでおられる。そして、切なく思案げに、「めざしているのは、その痛みじゃないんだ」と。

面白い、と思いました。合気道は。関節技の痛みにめざすべき痛みがあると八十代の先輩が、七十代の後輩の私に諭すのです。では、山﨑先輩はいかなる痛みをめざしておられるのか。「管長だね。私の二教は飛び上がるほど痛いだろう。管長の二教は違う。管長のは、真下へ皆、しゃがむ」。そうなんです。時折、管長は道場生にこの二教を指導して下さる。「こうやる」と言って手首を巻き付けて見せて下さる。私も体験しました。その痛みは正にスタンガンです（と言ってもスタンガンを押し当てられたことはないのですが）。高圧の電流がそこに走り、ウケは膝から真下へ崩れ落ちます。腰が抜けたという（ロカビリー歌手が舞台に屈むあのポーズに似た）有様になります。で、飛び上がる痛みとしゃがみ込む痛みで、何が違うか。痛みの質です。山﨑四段が手首に極めた二教は縄で捕縛されたようで、ぐいぐいと締め上げられ、「参った」に追い込まれます。

では、管長は。くり返しになりますが、スタンガンの高圧電流のような痛みが手首から一瞬にして全身に走ります。で、痛みの響きは走り抜けると消えて、手首になんの痛みも残しません。管長の極めは痛みが深々としています。それ故に肩などを関節技で管長に極められると、痛んでいたそこからすっかり痛みが消えたことがあります。深層の筋肉がほどよく痛みによってほぐされるのでしょう。武徳というほかありません。その武徳に満ちた痛みを山﨑四段はめざしておられる。そう言えば、管長、稽古の時にこんなことを仰った。

「何も気持ちいいばかりが刺激ではありません。痛みもりっぱな刺激です」

で、ここから先、あまり正確でないのですが、「気持ちいいことばかりやっていると皮膚がバカになるぞ」と道場生の稽古を見回りながら、そんな言葉で諭されたように記憶している。

私は「痛みは知恵になる」と解き、快感で「皮膚がバカになる」のであれば、痛みによって「皮膚が賢くなる」こともあるのだと思ったのです。「皮膚が賢い」などということを旧世代の私たちは考えたことがありませんが、新世代の若きアスリートが次々と世界で名をあげている事実を知ると、そこに皮膚の差を感じてしまうのです。大谷翔平や羽生結弦、あの大坂なおみさんも母方は北海道の方といいますから、彼らには北国の寒さで皮膚を賢くした子供の頃があった筈です。乾布摩擦でこするしか能のない私たちに比べ、彼らがすぐれた皮膚感覚を持ち、「賢い皮膚」を鍛え上げたことが世界での活躍の裏にある気がします。

そしてもうひとつ、思い当たることがありました。

もう十数年前に内田樹師範の著作で出会い、いつか役に立つと胸に刻んだ言があります（確か『呪いの時代』という著作の中で見つけたのですが、今探しても見付かりません。でも間違いなく内田師範の言葉で、どこかの頁にあったということで、すみません、続けます）。内田師範は「呪い」を弾く心得として、三つの極意を授けられております。あなたがいわれなき誹謗中傷、讒言虚言《ざんげんきょげん》に晒された時、それを弾く技で、ネット社会の中で悪意に充ちた「呪い」に心折られそうになったら防御の構えにお使い下さい。

一つ、「オープン・マインド」たれ。世の人を敵と味方に分けず、広々とした心で人間を見つめなさい。

二つ、「Decency」。礼儀正しくありなさい。たとえ相手とこれから取っ組み合いの喧嘩になろうともきちんと一礼するとそこからの動きは美しくなります。武道が何事につけても動作の始めと終わりに一礼せよと躾《しつ》けるのは、決して呪いを残さぬことを誓うため。そう、競い合う者が「勝つ」ことにのみ妄執し、相手の不調など願わぬように。相手の不調を願うことは、「呪い」です。

そして三つ目、それが「身体感度をあげよ」です。

くり返します。「オープン・マインド」「Decency」「身体感度をあげよ」。

この三つ目が判らない。判らぬまま十数年持ち歩いた言です。で、山﨑先輩の「痛みをめざす」を聞いて、この謎の言が解けたような気がしたのです。彼がめざしておられるのは実は皮膚の感度を鋭くすることでは、と思ったのです。そう「痛みをめざす」ために必要なのが「身体の感度」です。人が皮膚あるいは肌で集める情報は痛みもあれば、その痛みも痒い、弱い、強い、そして激痛まである。暑さ寒さから人の気配まで、温かい、冷たいと皮膚で探る。そうです、人間が猿人と分かれて、アフリカ東海岸の草原に出た時、その進化の一歩目が二本の足で歩き出したことなら、次の進化は全身の毛を脱ぎ捨てたことです。彼らは暑さ寒さに備える体毛よりも情報を感知する皮膚と肌を選択した。大変な決断だったでしょうが、重大な選択でした。

これは私の勝手な推論ですが、この皮膚という感覚器を持ったことで、人は雄・雌から男・女という性を育てたのでしょう。乱暴な言い方になりますが、男女は愛しているか否かに迷った時、あるいはそれを確かめる時、肌でそれを探り合うのでしょう。この時、全身の肌で相手を知ろうとするわけで、皮膚は愛を探査出来る唯一の感覚器です。脳の中の扁桃体も前頭葉も愛についてはいろいろ言いますが、言うばかりで愛に触れられません。だから皮膚で相手を知ろうとする時、脳は活動を停止します。

「考えるな、感じろ」とそう諭したのはカンフーの達人、ブルース・リーでした。そのことを内田師範は「身体感度をあげよ」と仰っている。

そう、思ったのです。考えてみれば、人間関係はなるほど身体感度ですねえ。握手から抱擁、また接吻から頬を寄せ合うなど皮膚で触れ合うことが欧州では挨拶になりましたし、男女は世界の東西で愛を決心する時、裸で抱き合うことになります。その逆で、皮膚が拒絶すると、その人に対して日本語では「肌に合わない」という決定的な嫌悪の言い回しがあります。皮膚は愛についての感覚器なのでしょう。

で、その皮膚を賢く鋭くするためには、痛みから学べというのが合気道の主張なのでしょう。十数年かかりましたが、やっと解けました。「身体感度をあげよ」のひと言。

勿論、私なりの「解」です。

で、話を振り出しに戻すと、その山崎先輩と私、攻守を交代。私がトリで、ウケの先輩をうつ伏せにして、腕を逆に捻《ひね》り上げます。私は腰ごと両腕で抱えた先輩の腕を捻ります。二教の極めです。肩から腕を引き抜くような関節技で、相当な痛みがある筈ですが、「参った」の合図がありません。山崎先輩は肩回りが驚くほど柔らかい。更に締め上げるのですが、畳に頬を乗せて、山崎先輩、平然とした表情。そして下から、「腰ごともっとぎゅうっと……」とアドバイスを下さる。「はい」と従うのですが、「まだ効いていない」と厳しい評です。そこから更に……それでやっと「参った」の合図を戴きました。

山崎四段、「参った」と畳を叩きながら、「いいね、痛みが深くなった」と笑顔で応じて下さる。私嬉しくなって「ありがとう御座います」。

でも考えれば珍妙な景色ですね。中期高齢者が後期高齢者と関節技を掛け合いながら、褒めたり礼を言ったりしているのですから。それにしても、山崎四段、八十代半ば、理想の痛みをめざして、皮膚を鍛えておられる。この人はその皮膚で愛を探しておられるわけで私のめざすべき先輩です。

道場の西の窓に秋の雲がいくつも浮かぶ日曜日、昼過ぎのことでした。

冬

難波さんは白杖の人。

細い杖の先で小さく階段を叩きながら、盲導犬ピースの寄り添いに導かれて、天道館道場へ上がってきます。玄関の靴箱に靴を仕舞うと、入口の脇に小さなマットを敷いて、そこにピースを座らせ、稽古が終わるまでそこで待たせます。入口扉に触ると、それで道場全体を見渡したのでしょう、足取りは見えている者と全く変わらなくなります。そこに白杖を置き、入口敷居を踏むと、畳の道場に入り、上座・正面の天道と大書した掛け軸と開祖・植芝盛平翁の肖像に一礼。やや大股で八十畳の道場を横断。途中、道場後ろを貫いて鉄棒が渡してあり、道場生百人分ほどの道着と袴がハンガーに掛けて吊るしてありますが、自分の道着の下でピタリと足を止めて、長い棒で取り下ろすと胸に抱いて、一旦、退出の礼で道場を出る。そこから別棟の着替えの部屋に向かいます。

この間、足取りは視覚を持つ者と同然で、全盲の人とはとても思えません。私はてっきり、軽度の弱視の青年と思っておりましたので、全盲と後に知り、驚きました。もうひとつ驚いたのが、難波さんを迎える天道館の人たちの静けさです。稽古が始まれば他の道場生と変わらず、誰一人、特別に彼のために動きません。ただ朝夕と同じ、「おはよう」か「こんばんは」と声をかけて、すれ違います。なるほどと思うのは、その時刻の挨拶の後、皆必ず、名乗りを足されます。「おはよう、清水です」とか「こんばんは、尾崎です」とか。すると難波さん、深い笑顔で声の主に挨拶を返します。

白帯の頃、この難波さんが合気道をどうやって稽古するのか謎でした。合気道は接触の武道です。ウケとトリに分かれて、仮想敵のウケが対峙するトリの手を、胸、肩を摑みに来るという想定の反撃の武道です。その上に回転から力を借りる武道ですので、前後左右が激しく変わります。いかに勘を鋭くしても、回転の渦は前後左右を混乱させると思うのです。この前後左右が濁れば、稽古の相手を見失うことになり、それをどうやって補って稽古を続けておられるのか不思議でした。

難波さんは熱心で再々道場で顔を合わせます。私も先輩に倣《なら》い時刻の挨拶と名乗りをくり返すうちにこの人と見知り合い、互いに着替えの部屋で体調などを語り合うようになりました。声を掛け合うまで、一年ばかりかかりましたが、知り合うと打ち解け、身の上話などもしてくれる難波さんです。若き頃に交通事故で視力を失いそれでも独立独歩をめざして起業、下町でボディケアサロンを経営するという難波さんです。人柄の滲む笑顔で、若先生とこんなことを話しているのを聞きました。難波さんは語ります。

「見えませんから、いろんな人から助けられてます」と。日本というか、難波さんの住むあたりの町は優しい人が多く、皆さんすぐに手を貸して下さる、と言います。しかし、難波さんは経営者でもあります。当然、月末や年度末にいろいろと金銭にまつわる攻防があります。この時「見えませんから、助けてやろうという人は一人もおりません。当たり前です」。

その当たり前に自分を晒し、その当たり前に身を置く覚悟を鍛えておられるのでしょう。

その稽古ぶりは熱心で、圧倒されます。白帯の腕前では、難波さんとの稽古は気安く出来ません。合気道は見取り稽古ですので、師範や道場長が先ずなぞるべき技を見せてくれます。その技を見取り、他の道場生と組んでくり返します。この時、我らが天道流はなぞる技の名を言挙げません。これは清水管長のお考えで、技を名で呼ぶと技の流れがコマ割りになると仰る。

森を絵に描く時、杉、檜、楢、ブナ、栗など木に拘ると森の形が歪むというところか。

ですから、技の名称については実に大雑把で「襟取りからの二教です」とか教えられても憶えている道場生はいません。これが難波さんと稽古するとなると、実に不便で稽古する技の説明が出来ません。白帯の腕前では説明する言葉がないのです。

で、そこはそれ、実によく出来た道場で、難波さんが来ると黒帯の高段者が相手をします。師範の手本の技が演じられている時、横に正座で座った高段者が小さな声で必要な動きを説明しているのです。「逆半身に構えて、手首を押さえに来たところを転換で流して、二教の握り……」とか。しかし、この最少の説明で大体の動きを察するのですから、難波さんの熱心さはお判りいただけるでしょう。それに最少の言葉で普通に稽古出来る道場生に鍛え上げた天道館も見事なら、それに応えた難波さんも見事です。

百着下がっている道着の中から一点、己の道着を探し出す謎も通ううちに解けて来ました。難波さんのハンガーには細長い棒が括り付けてありまして、難波さんはその手触りで見つけてました。そこまでは玄関の敷居を踏んでからの歩数で見当をつけ、別棟の部屋へもすべて歩数で歩く難波さんです。更に稽古の入身・転換で前後左右を見失うと、難波さんは手で畳を撫でて、畳と畳の直線で前後あるいは左右の見当をつけているようです。兎に角、視覚以外のすべてを使って、この人は合気道を歩いておられる。腕前は私の先をゆく黒帯です。いつの間にかですが、難波さんと稽古するのは私の憧れになりました。で、入門から二年ばかり……私、黒帯初段を許されまして、それで晴れて難波さんと初稽古。

決して難しい技ではありませんでした。

ウケ・トリは半身に構え合い、ウケが手首を押さえに来たところをトリは入身・転換で流すという基本でした。手首を押さえに来た相手をクルリと回転して躱《かわ》す動きです。

全盲の難波さんとこの動きをどうやるか。私はウケ、難波さんがトリ。手首を押さえにゆく直前に、難波さんが半身に構えて差し出している手の指先をチョンと触れる。これで難波さんは私を知る。知って、押さえに来る私を察して、入身・転換、ピタリと動きが合う。逆も同様、難波さんが摑まえに来てもピタリと動きが合うのです。いやあ、嬉しいし気分がいい。

わずかに指先に触れただけで、相手の位置、互いの間合い、そして攻守の気配を皮膚で補足する難波さんです。

なるほど、武道とは皮膚、あるいは肌で「見る」こと。攻守の技がピタリと合うと、正に「合気」で、動きが舞うが如く美しくなります。

この初めての稽古から、難波さんとの稽古が無闇に楽しくなりました。見かけると、「こんばんは、武田です」と声をかけ、稽古が始まると並んで正座、師範代の手本を小声で説明して屡々《しばしば》攻守を組むことが増えてゆきました。

これは道場で見た光景です。決して言葉にはなさらないが管長や若先生には格別の思いが難波さんにあるのでしょう。全盲の難波さんはあれこれ手助けや特別の扱いを望んでおられない。合気道の厳しさを求めておられる。それに応えてあげたいという格別の思いです。

ある冬の日の夜稽古。いくつかの技で身体をあたためた後、難度を上げての連続技に進みます。この時、手本の技のウケに若先生が難波さんを指名したのです。二十名ばかりの道場生が見守る中、「難波さん」と呼ばれると、難波さん立ち上がり、素早く一礼、摺り足で、若先生の手首を押さえにゆく、摑まれた手首をそのままに腰を落として斬り下ろした若先生は難波さんの体勢を崩して、次にその腕を撥ね上げて、くぐり、転換。難波さんの摑んでいる手を逆に取って肘関節を下から突き上げて……兎に角、腕を逆に取って、若先生、大きく腕を振ると、それは難波さんを虚空へ放り上げる技になっているのです。

これ、一瞬です。この若先生の動きに合気して難波さん、飛んだのです。ややひしゃげた円ながら見事な飛び受け身。更に跳ね起きると難波さん、若先生に向かう。そして四度、その連続技をなぞる難波さん。当然の如く、若先生に全く容赦なし。特別扱いしない、格別の稽古をつけられました。

驚くべきは、この時、若先生と指先にチョンと触れることなしに難波さんが攻守を交わしたことです。難波さんはその気配のみで、若先生を捕捉したのです。なるほど肌で、あるいは皮膚で「見る」という光景を私は目撃していたのですねえ。

稽古を終えて、部屋で着替えする時、まあ難波さんの嬉しそうなこと。受け身の見事さを褒めると難波さん、照れながらも「天道館に入門して、若先生のウケに指名されるまで十年かかりました」と感慨しきりです。初めてのウケという緊張が難波さんの皮膚を突然進化させていたのです。少年のように頰赤らめた難波さんの湯気をあげる顔は開眼の自信に輝いておりました。その充実が羨ましかったです。技の腕前と合気道の境地において、私の前ゆく難波さんです。

道場で見かけると必ず、この人の横へゆき時刻の挨拶と名乗りをするようになりました。稽古でこの人と技のウケ・トリをくり返すと、何だか気分がよくなるのです。ピシャリとウケ・トリの間合いが決まると何だか、私にも開眼の予感が走り、ワクワクするのです。で、ある冬の夜稽古のことでした。

二人で難しい連続技の稽古に向かいました。技はこうです。

半身に構え合い、ウケはトリの手首を押さえにゆく、摑まれた手首をトリは振り解くように、その場で半回転して流し、ウケの摑むその手を摑み返して、更に回転しながら、ウケの腕ごと胸に抱く。すると二教の押さえという関節技になります。「参った」を取ると、トリは技を解きながらウケの手のひらを摑み直し、更に回転しながら手首を逆に取って小手投げに振る。ここでまだ終わらない。畳に転ばしたウケを腕ごと逆に取り、うつ伏せにして肩ごと捻り上げて、全く抵抗の出来ない、制された体勢にして、完璧な「参った」を取る連続技です。

これを盲目の難波さんとなぞるのです。最少・最短の説明でこの動きを理解するのですから、難波さんの力量のほど想像が出来ると思います。

で、私、トリ。難波さん、ウケ。で、ここから稽古。

いつも通り半身に構えて、難波さんの指先をチョンと私が触れると、間髪入れず私の手首を押さえに来た難波さん。それをその場で、半回転、大きく流して難波さんの体勢を崩し、回転しながら、摑んでいる難波さんの手のひらを、静かに摑む私……と、ここまで来た瞬間、難波さん、悲鳴を上げてその場に膝から崩れたのです。

私が軽く手のひらを置いただけでまだ何の技も入ってないのにもう難波さんを制してしまったのです。己の強さに愕然としました。まるで管長です。触れただけでスタンガンのような電流の走る痛みを相手に渡すことが出来ます。そんな力が黒帯になって二年目で私に宿ってしまったのです。

突然の開眼に恐懼感激《きょうくかんげき》しながら、畳に倒れ込んだ難波さんに手を貸しました。少し照れながら詫びつつ、「すいません、強く入りましたか……」と。

難波さん、差し出した私の手に脅えながら、「武田さん、爪伸びています」。

……そう、開眼ではありませんでした。爪でした。難波さんの手のひらに私の爪が刺さっただけのことでした。

そうですよね、そう簡単に悟れる筈はありません。開眼は遠い。

でも、それから道場へゆく時はしっかり爪を切っています。

そのマナーだけには開眼しました。

春

それは春宵、どこからか沈丁花の香りの夜風が吹き込む道場でのことでした。手が鳴って、全員、道場後方に下がり、正座。で、くり返す技の勘所を若先生が熱く語り始められる。留意すべき、技についてのワンポイントレッスンです。合気道は独特の言葉使いで、その一点の動きを説きます。

「今何時だ、と腕時計を見るように腕を動かす」
「自分の親指を吸うように肘を上げる」
「大きな盃でお酒を飲み干すように両腕を上げる」
「花咲か爺さんがお花見しているように手をかざす」

これらは関節技を仕掛ける技のワンポイントレッスンです。相手をうつ伏せに、その肩を逆にとって捻り上げる二教、三教の時、管長からのアドバイスは「あのね、お母さんが抱いた赤ちゃんを優しく寝かしつけるように動く」でした。

技そのものは相手の肩から腕ごと引き抜くような必殺の極め技ですが、その技を実にのどかな言葉で形容なさいます。

ここらが合気道の異様なところです。武道でありながら言葉使いがいちいちのどかなのです。師範代の尾﨑五段は斬新で、ウケの腕を摑んで、その腕をくぐる時、そのくぐる動きを「EXILEのチューチュートレインで」と仰った。列をなし、次々と前とずれながら、顔を出すあのダンス演出で、あの腰の使い方こそが技の勘所と指導された。EXILEとの違いは、くぐる瞬間、腰を立て、下から肩でその腕を担ぎ上げれば、ウケの肘を折る技になることで、同じ動きながらEXILEほど平和ではありません。その時の若先生もそうでした。

相手が手首を摑んで来た瞬間、摑まれた手首をそのままにその場で回転しながら流すのですが、その摑まれた手のひらの動きを「サーティワンのお兄さんが特別のスプーンでアイスのかたまりから、まあるくバニラかストロベリーを削り取る動きにして下さい」と指導なさった。なるほど、同じ手のひらの形にして、反転すると「流し」の動きがうまくゆく。合気道は何故、斯くも何気ない、暮らしの中の動きを武道の動きに写し取ろうとするのでしょうか。

多分……多分ですが武張った動きに対して強い嫌悪があるのでしょう。「武」の動きを格別のものにしない。威嚇したり、スキに付け込む技を激しく軽蔑します。いつものように動く。どこまでも脱力、自然に、流れるように動く、それが合気道がめざす、「武」なのでしょうねえ。

で、早速、アイスのかたまりをこそぐ真似をしておりましたら若先生、ふと別の話に移られました。

「先日、ドイツの支部道場へ指導にゆきましてね、ドイツ、デンマーク、ベルギー、イタリアの道場生と一週間ばかり元気にやって来ました」と仰る。

天道館は欧州、ロシア、メキシコに支部があり、若先生は年に数回、その支部道場に指導にゆかれる。で、その海外指導の折、東欧から見学者があったそうです。その人は旧ユーゴスラビアの人。第二次大戦後、その「新しいスラブ」と名乗った国は崩壊。内戦に突入。特にクロアチア人とセルビア人の対立は激しく、その憎悪は悲惨を極めました。虐殺と性暴力がくり返され、お互いの消耗の故に現在は引き分けで、ヤジロベエのような平和がやっと保たれている両国です。その東欧からの来客で、彼自身はクロアチアの人。熱心に合気道の稽古を体育館の隅から見つめていたそうです。

その稽古の合間、若先生に駆け寄った青年はただひとつの質問をくり返したそうです。「実戦で使えるか」、そのことのみ。現実の戦争のそばにいる彼にとって、武道とは殺傷能力のことで、それ以外に意味がない。この必死の質問に若先生は窮し、「合気道のめざすものは戦いではない」と、そこから話された。

合気道は確かに、攻守に分かれて技をくり返す。しかし、その稽古がめざしているのは、「合気」。相手とのハーモニーである。仮想敵の相手から力を借りる、借りて自分の力を合わせ、技とする。相手の力に力で応じることを「ぶつかる」と嫌悪します。めざすべき極意は「合わせる」こと。この「合わせる」能力は相手を叩き伏せる能力よりも己が生き残る能力を高めることになる。そう、説かれた。しかし、その青年は「ストリート・ファイトで技を試したことがあるか」「殺傷能力の高い技を見せてもらえないか」と最初の質問を違う言葉でくり返すばかり。

若先生は小さく溜息をつかれて、「なかなか武道というものを理解してもらえません」と力なく呟かれた。ただ、その後の青年の様子では、合気道稽古の動きに魅力的なものを感じたらしく、「いつかクロアチアへ指導に来てもらえないか」が別れの言葉だったそうです。

で、悲しいことにその願いは未だ、実現しておりません。コロナパンデミックで世界が閉じそしてその後、やっと開き始めた欧州でしたが、その東欧でロシアがウクライナへの侵攻を開始。東欧圏は今、戦争の緊張に包まれている筈で、あのクロアチアの青年もきっと近隣国の戦渦を息をつめて見つめているでしょう。

それにしても武道を殺傷能力の訓練としなければならない人とは気の毒なものです。学校帰りの高校生、ネクタイ姿の勤め人、商店街の経営者、私のように身体を動かすことの好きな高齢者が揃って道場で合気道を学ぶというのは何と平和なことでしょう。皆それぞれに技の中にひそむ知恵を探しているのです。極意という名の知恵を探して、春宵、ウケとトリに分かれ、時計を見たり、親指を吸ったり、赤ちゃんを抱いたり、アイスクリームをすくったり、日常の何気ない、ありふれた動きに潜む武道の力を探しているのです。みんな生きてゆく力を探しているのです。

合気道で見つけたものが、ふと日常の何かと結び付いていることに気付いた時、嬉しいものですよ。

尾籠《びろう》な気付きで申し分けないが、武道的パワーが湧き出すというチャクラ、「丹田」を探していた時のこと。

その謎の場所を、己の身体についに見つけました。あのね、自分の左右の薬指を鉤《かぎ》にして、引っ掛け合い横に引いて下さい。強く引くと、お腹に力が宿ります。そこです、「丹田」は。そこが武道的エネルギーが湧出するチャクラです。で、その「丹田」が日常の何と結び付いているか。

これが……便秘です。加齢に伴う腹筋のおとろえでお悩みの方、「丹田」で出すを是非お試し下さい。

更にもうひとつ。

ゴルフのショートパット。そう、外して口惜しい、2、3ヤードの距離からのあの緊張の動作です。やっと見つけました、合気道から。あのね、また「丹田」です。アドレスしたら、やや前屈みの姿勢の両腕の両肘をピッタリとこの「丹田」にくっつけて、ストロークして下さい。インに引きインに打ち出す。ストレートの強い球筋で、五割以上の打率で入ります。イヤ、入る筈です。

「丹田」で打つ、です。やって見て下さい。

重大な動作を手のひらに任せない。とは極意と思いませんか。合気道の稽古の中には、日常の中の問題を解く知恵がいくつも潜んでいます。その知恵が日常の滞りを解いた時、嬉しいものですよ。

私の場合、解いたのが便秘とショートパット程度の腕前ですが、この道場には、ガラリと人柄を変えた先達がおられます。黒帯のその人は働き盛りのレストラン経営者、あるいは中規模ＩＴ企業を切り盛りする方でした。ウケ・トリに分かれて稽古をくり返して八年ばかり過ぎて、で、ある日のこと、攻守を交わしている時その人の技がガラリと変わったことに気付いたのです。今まで痛かったその人の極め技が少しも痛くない、投げられても何故か疲れない。どの技からも角が取れ、丸みを帯びて、まるで別人のように感じてしまう。私程度の腕前でもその人の上達をありありと感じるのです。技から伝わるその人の気配が全く別人なのです。今までとは違う境地に登ってゆかれたのが技の柔らかさから伝わってくるのです。そんな人を何人も見ました。武道の知恵がその人の「人」を変えたのでしょう。

合気道は日常の何気ない動きを理想として、技の理合いにしています。めざすべき動きは日常の暮らしの中の何気ない動作に潜むと指摘します。戦場での格闘の動きを強く嫌悪するところにこの武道の面白さがあると思うのですよ。

それは2022年の春先のこと。

日曜日の朝稽古のことでした。手が鳴って、道場生一同、後方に正座。若先生がウケ・トリの技の攻防について、今朝も熱く説かれます。「四方投げの時」と動きながら、「ウケの人はしっかり攻めて下さい。相手の手を押さえ後ろに回り込んで、首に腕を回し、締めおとす動きです。この攻めが真剣であるから、守るべきトリは半身に構え、手の形をしっかり手刀にする。剣を持つ構えですから、しっかり手刀を相手に向ける。指の先までしっかり伸ばせばそれは剣になります」。

合気道は実戦がありません。あまりにも危険なためです。故に師範の動きをなぞる見取り稽古をくり返します。仮想の戦いであり、想像の剣を持ち、想定の動きを身に染み込ませます。そこに狎《な》れ合いがあれば動きはただの遊戯になります。その注意だったのですが、見ておられた管長が言葉を継がれました。「刃物を研ぐ、という気持ちです。包丁でも日本刀でも砥石で研いで鋭くする。それを怠けると、刃物は錆びます。人間も同じで研がないと鈍になる。お互いを研ぎ合うつもりで稽古をして下さい」と。

なるほど実にうまいことを仰る。武道稽古とはお互いを研ぎ合うためのもの、とは誠に合点がゆきます。

道場生一同、深く小さくうなずいています。

管長は近頃、古傷の膝の具合がよくありません。大事をとって稽古を休まれておりますので、久し振りに道場生を前にすると何やら気持ちが弾んだのでしょう。昼稽古の終了までまだ時はたっぷり残っています。「武道とは……」とそこから話を大きく大上段に構えられた。

「互いを高め合うもので、傷付け合う技術じゃない。武道稽古の意味はそこにある」と。弟子一同、揃って肯首《こうしゅ》。

管長、表情を厳しくされて、斬り下ろすように仰った。

「プーチンは武道から何を学んだんでしょう」

この道場のドイツ支部にはウクライナから通う青年があり、ロシアのサンクトペテルブルグ、極東の町ウラジオストクにも合気道を学ぶ少年たちや気のいいロシア人がいます。その年の春から始まった戦争に管長は彼らの身を案じつつ、侵攻を命じた為政者が許せなかったのでしょう。その為政者は日本の武道を好む人物で、黒帯姿を誇らしげにテレビメディアに披露する人物ですが、武道理解の浅さを管長は叱っておられます。そして、若き日の己の武道理解の出来事を語り始められた。

管長は青春に柔道を学んだ。相当の腕前ながら、強く勧める人があり、転じて合気道へ。最晩年の開祖・植芝盛平の内弟子となる。すでに技は神業の域に入った植芝開祖に仕え、ひたすら師の技のウケをとる。投げられ、極められ、朝稽古から夜稽古、出稽古まで、管長いわく「毎日、ボロ雑巾のようになって眠った」と仰るから、余程一途な修業時代を過ごされたのでしょう。やがて、武道家として生きる決意をされ、開祖直伝の合気道を天道流として道場を構えられた。腕を磨くことは勿論、道場経営にも腐心せねばならず必死であったと仰る。その天道流合気道の青春の頃を話し始められた。ポツリポツリと懐かしく管長は語ります。

「何せ、自分の家と借りた道場が遠くてねえ。朝稽古もやると決めたが、一般の弟子としっかり夜稽古をして、次の早朝だから、その朝がつらい。6時からの朝稽古のために5時起きでは間に合わない。始発に乗るために毎日、私鉄の駅まで道着を抱えて必死に走るんですよ。ところが駅前に信号があってここの赤信号が長い」と苦笑の管長です。弟子を待たせるわけにはいかず、苛々《いらいら》していたが、左右に走って来る車はない。管長はまだ青年の若さです。その時、歩道の段から横断歩道の白い梯子模様へ飛んだ。赤信号を駆け抜けようとしたが、「その時、反対側の歩道にお孫さんの手を引いた御老人がおられた。その方が、あなた、まだ赤ですよ、と大声で注意された。その時、私は素直にすみませんと言えた。詫びて、すぐに歩道に戻ったんだ」。力みのある若き頃である。無視も出来たろうが管長はそうしない。そうさせない何かが管長の内に育っていたのでしょう。

「青を待って、渡り、横断歩道の真ん中で、信号無視をお詫びしたんだ。私の腰の折り方がよほど深かったんだろう。御老人はすっかり恐縮されて、いえいえ私も孫を連れているんで、少しいい恰好しました。どうかお気になさらず、と腰を折って謝っておられる。お互いに会釈しながら別れたんだが、私は気分よくってねえ。あの人も気分よく今日を過ごされるだろうと思った。その時、走りながら思った。俺も少し合気道が分かって来たなあってね」と。

私、なんだか涙ぐんで聞いておりました。管長はその時、合気道が身の内に育てたものを在り在りと感じたのでしょう。先ず、自分の都合を言い訳に使わない。素直であること。率直であること。正しい正しくないで自他を切り分けないで、両者が爽快になれる寛容こそめざすべき等、この小さな出来事の中にいくつもの合気道の勘所が潜んでいます。

クロアチアの青年が合気道に見つけねばならないもの、ロシアのプーチン大統領が武道で見落としたものが春の道場の管長の話の中にありました。東京、三軒茶屋駅近くの八十畳の合気道場天道館ながら、ここの畳に世界が流れ込んでいるのですねえ。

70年代を通って

昭和という大きな時代を生きて来ました。私を運んだ巨大な船のような時代です。私はその船の甲板を這って生きる蟻ほどの存在です。

そんな巨大なものを絶妙な指摘で言い当てる人がいます。

『「象徴」のいる国で』（作品社）は菊地史彦さんの四百頁以上にも及ぶ著作のタイトルです。コロナで仕事が空白になった日々がなければ決して手を出せなかったであろう大著です。しかし深く頷いた一冊です。著者、菊地さんは１９５２年生まれの昭和・平成・令和を生きて来た同時代人。表題の「象徴」とは勿論、天皇のことで、戦後昭和を生きた「象徴」天皇がどのように日本人の深層に映り込んでいるかをあぶり出す野心作です。日本国憲法一条、「天皇は、日本国の象徴であり日本国民統合の象徴であつて、この地位は、主権の在する日本国民の総意に基く。」とあります。では、「象徴」とはどのような身分であるのか。憲法に一切説明はない。天皇は決して「神」ではない。しかし「人」でもない。日本国民の「象徴」であるという立場をこの世界で天皇に説明できる者は誰一人いない。それは世界でただひとつの立場なのである。

理不尽といえばこれほど理不尽なことはない。考えてみれば、この憲法が発布された時、日本国民はいなかった。その時日本にいたのは、敗戦国の臣民であって国民ではない。揚げ足取りかも知れないが、天皇が「象徴」であることを引き受けた時、日本国民は生まれたのであって、日本国民が「象徴」天皇を生んだのではありません。この順序を逆にして、戦後昭和はスタートしたのである。矛盾です。しかしこの矛盾を耐えたところに戦後昭和の真髄があります。

菊地さんの文章を読みながら、そんなことを思いました。この人の文章を読むと、次々と過ぎた昭和が思い出され、溶け出して、考え込むのです。御免なさい。前述の文章も読むうちに溢れて来た思いで、著作にある文章ではありません。この人は主張する作家ではなく、読み手の思いを刺激する、練達の書き手です。

『「象徴」のいる国で』は先ず、1945（昭和20）年9月27日の天皇裕仁が占領軍元帥マッカーサーを表敬訪問した、午前十時のアメリカ大使館内の一室から戦後昭和の一歩が克明に記されてゆきます。「神」でなく「人」でなく敗北の「象徴」として敵将の前に立った天皇裕仁の二重性。

その矛盾も引き受けた「象徴」があればこそ戦後昭和は始まるのです。天皇裕仁はアメリカにとって敗北の「象徴」であり、日本国民にとって平和の「象徴」という二重性を一身に背負うのです。

その天皇表敬訪問の折、マッカーサーは天皇にツーショットの写真撮影を所望、二人は肩を並べてカメラの前に立つことになる。数日後、その写真は新聞紙面を騒がすことになり、戦後日本の象徴的構図の写真となるのです。それは歴史を画す一枚で、作業着のような平服で、やや不機嫌な長身のマッカーサー元帥、その横に黒礼服に身を包み、何やら呆然とした表情の天皇裕仁。御真影の人物として、信仰に近い尊崇《そんすう》の人が敵将の大男の横に立たされている姿は戦前の昭和には誰一人想像もしなかった惨めさであったろう。

ところが44歳の天皇が惨めさに耐えたことで昭和20年の冬に奇跡のようなことが起こる（ここから私見です。御免なさい菊地さん）。

米軍の空爆によって焼き尽された国土しかない日本は百万に及ぶ餓死者が予想されたといいます。その悲惨を日本は際疾《きわど》く凌《しの》ぐのです。それはアメリカ占領軍からの食糧援助によります。彼らは小麦粉を日本に提供した。主食の「米」を持たない日本はこの小麦粉を食糧にして、この年を切り抜けるのです。これら提供された小麦粉を日本人は格別に「メリケン粉」と呼んで親しみました。彼らの発音の、「アメリカン」が「メリケン」に聞こえるためで、敗北の承認が生存を引き出したのです。天皇を敗北の「象徴」にしたことで、戦後昭和はついに活路を見つけた。敗北によって平和を築いてゆこうという生き方を国是としたのです。この理屈はアメリカ、ロシア、中国では決して有り得ない。世界の大国は勝利によってしか平和が成就されない。だから、あれほどの軍備を備えているのです。

戦後昭和は矛盾する二重性を選んだ。つまり敗北によって平和を築く。だから平和であるために敗北しなければならない逆説を生きてゆくのです。この矛盾を国民総意の国是と出来たのは、「象徴」天皇を憲法第一条にかざしたからで、天皇は「象徴」に耐えた。ここまでは私、ここからは菊地さんの戦後昭和の天皇論を振り出しに「象徴」を求め続ける日本人の深層を探索してゆきます。

その天皇裕仁に続く象徴を菊地さんは美空ひばりだと喝破なさっています。天皇論からいきなり、芸能論が展開されます。圧巻の主題の繋ぎ方ですが読ませてしまう力量がこの人にはあります。

では、美空ひばりに映り込んだ「象徴」天皇の影とは。敗戦から4年、12歳のひばりが東京大空襲で父母を亡くした戦災孤児を演じた『悲しき口笛』。この一作は大ヒットとなり、1950年、『東京キッド』という二作目の主演映画が製作される。この作品もまた父母は戦争で死亡し、家を焼かれてさまよう戦災孤児の物語。全国で十万人にも及ぶ飢餓の蔓延した戦後昭和を生きる浮浪児の役です。

戦災による「家なき子」は悲惨であり、敗北の惨めさの「象徴」のはずですが、ひばりの『東京キッド』は違います。ひばりはその悲惨を高らかにスクリーンで歌うのです。

歌も楽しや 東京キッド
いきでおしゃれで ほがらかで
右のポッケにゃ 夢がある
左のポッケにゃ チューインガム
空を見たけりゃ ビルの屋根
もぐりたくなりゃ マンホール

ここには米軍の空襲によって父母を殺された怨嗟《えんさ》はない。ここではひばりは小さな「自由の女神」でありました。悲惨な少女は何より米軍による解放を朗らかに歌うのです。

この少女の左のポッケにあるチューインガムは恐らく、ジープに乗った米兵が彼女に投げて寄越したものでしょう。

ひばりの凄さは戦災孤児の少女の役を小さな「自由の女神」として輝かせる歌唱力と演技力を天性で持っていたこと。捨てられた者でありながら、選ばれた者である二重性を輝かせて、天皇裕仁と同様の聖性を帯びてゆくのである、と菊地さんは指摘する。

深々と頷かせる理説です。焼け跡の「象徴」であることを引き受けることによって自由を手にする戦後昭和の躍動です。

美空ひばりはここから、捨てられた者の悲劇こそが選ばれし者の証という逆説を貫くのです。私の解釈ですが、この『東京キッド』の一行、「右のポッケにゃ 夢がある 左のポッケにゃチューインガム」こそ戦後昭和を言い当てた一行です。その後の昭和はこの一行の通り、ひばりを歌謡界の「女王」に育ててゆくのです。

菊地さんの文章を読むうちに「敗北」によって「平和」を手に入れた戦後昭和をいくつも思い出しました。

私は九州の福岡市に生まれ、その街で青年期までを過ごしました。福岡には朝鮮動乱時、いくつもの前線基地があり、すぐ近くに米軍ハウスという彼らの住居があり、英字看板の商店街が故郷の風景でした。自宅の煙草屋から自転車で十分も走れば板付飛行場（現福岡空港）が見えて来て、そこには米空軍の戦闘機、爆撃機、輸送機が銀翼を光らせていました。私は有刺鉄線のこちらから彼方の勝者、アメリカ軍の姿を見ながら育ちました。

勝者は強大な国でした。日本はその国に敗北して、引き換えに平和を手に入れた国です。それゆえに、アメリカの前ではいつも敗者でなければならない日本でした。私とて思春期の頃には、その二重性の矛盾にはぼんやりと気付いていました。いや、日本中の若者がそうだったのでしょう。

敗北によって手に入れた平和ならば、平和であるためにこれからも敗北しなければならないという私たちの日本です。

菊地さんは古代から続く系譜の人、天皇を敗北の象徴として差し出し、平和を手に入れたと解釈して経済発展に奔走したと戦後昭和を解くのです。炯眼《けいがん》の書き手です。凄いです、この人。

章を重ねて矛盾の日本の戦後を辿る菊地さんの文章は次に1970年の「象徴」を語ります。私にも強い思い出の幾つもある70年代の初めの年です。大きな出来事は1970年3月15日のこと。大阪千里丘陵で日本万国博覧会、大阪万博がひらかれました。

テーマは「人類の進歩と調和」。メインゲートの階段を上るとあの岡本太郎の「太陽の塔」がそびえ、東京ドーム約70個分、330ヘクタールの空間に、パビリオン116、77カ国参加の国家イベントでした。「絶対失敗する」との前評判を吹き飛ばして183日間で動員6421万人、史上で最も成功した万博となりました。

何と日本人の二人にひとりは参加したというお祭りでしたが、私はそのイベントには興味がなく、福岡から隣県の山口、萩まで自転車を漕いで長州の幕末史をひとり旅しておりました。私は大学二年生になっており、福岡の街で知り合った仲間と「海援隊」という名のフォークグループを結成して、夢中で唄を作り、歌っておりました。大阪万博にわずかに興味があったのは、その「太陽の塔」の下、お祭り広場で繰り広げられたフォークソング集会でした。

有名芸能人のショーが繰り広げられたお祭り広場でしたが次のショーまで、せっかく集まった観客を待たせるのが気の毒とばかり、間を繋ぐ役回りで関西一円の歌う若者たちが招集されました。大学キャンパスでフォークソングを歌う彼らは兎に角便利で、生ギターの演奏で観客と一緒に歌う彼らのシングアウトは好評でした。

ギターを首からさげて歌う彼らのスタイルは、軽々と機動力にあふれ、次に安上がりでした。福岡まで万博で唄を披露しないかという連絡が入っていましたので、フォークソングは一種、若者の連帯運動になっていました。

福岡の海援隊は披露すべき唄がまだ揃っていません。高倉健の任侠映画『唐獅子牡丹』の主題歌をパロディーにして『大学ボタン』という替え歌を歌ったり、少しハーモニーを鍛えようと思い立ち、『小さな恋のメロディ』というヒット洋画のラストに流れるクロスビー・スティルス・ナッシュ&ヤングの『Teach Your Children』をコピーしている程度の腕前で、「太陽の塔」の足元で歌う力はありませんでした。何より古代を「象徴」にして、未来を並べたこのお祭りが好きではありませんでした。私ごときに芸術家・岡本太郎の深謀遠慮《しんぼうえんりょ》が解ける筈もなく、「太陽の塔」が外国の人に笑われている気がしていました。

１９７０年。出来事の多い一年でした。前年には東大紛争があり、この年にかけて学生運動はますます激しくなり、万博の騒ぎとほぼ同時に、3月、赤軍派による、よど号ハイジャック事件。世界革命実現のため、「我々は明日のジョーである」と宣言し、北朝鮮へ旅立つ若者がいました。

左派学生による「反抗と旅立ち」が始まりました。パレスチナへ革命のために旅立つ者や奥多摩や榛名《はるな》山山中で警察と闘う軍事訓練やリンチをくり返す京浜安保共闘の旅も始まっていました。

4月にはビートルズ解散、11月には作家三島由紀夫が割腹にて自死。70年とは明暗が点滅するような年でした。「敗北」と引き換えに手にした戦後昭和の「平和」への異議申し立ては「反抗」でした。私たち若者は親達の「敗北」を引き受けることを拒否したのです。私たちは「勝利」をめざそうとしました。

兎に角、どんな「勝利」でもいい。勝ちたかった。で、一番手頃な敵に選んだのが親達で、その親から旅立つことが取り敢えずの「勝利」ということにした、と私は思う。

1970年はあまりに出来事が多く、大波にのまれて海中をキリモミで揉まれているような年でした。上下左右を確かめようのない水平と垂直を失った時代だったのでしょうね。

そんな時代。70年、秋にリリースされた一曲を菊地さんは取り上げています。菊地さんは18歳の高校三年生。私は21歳の大学二年生で、誰かが持ち込んだレコードでその一曲と出会いました。その一曲を取り上げた菊地さんの主旨は「反抗と旅」という二重性が私たち世代を突き動かすことになる予兆としてですが、私はあの時、その唄をとても不吉な「敗北」を予言する唄として聞いたのです。

その唄は、「休みの国」というフォークグループの曲。作詞とボーカルを担当したのは高橋照幸で私と同世代。彼をプロデュースするために集まったのはフォークロックの先鋭で「ジャックス」の早川義夫。後に伝説となる若者です。私たちはその早川への興味からそのレコードに針を置きました。

高橋のボーカルは「旅」を歌います。しかしその「旅」は私たち世代がこれから辿るであろう無惨な敗北を予感させるのです。その唄はのどかなテンポ、あくびのようなビブラフォン、柔らかなギター進行でいきなり始まります。

『追放の歌』、その歌詞です。

誰もいない　でこぼこ道を歩いてく
からの水筒も　こんなに重いと思うのに
俺の背中にこだまする人々のあの歌が
喜びの歌じゃない　追放のあの歌
きのうは　俺もいっしょに歌ってた
こんなに暗く長い道の真中で
あけてしまったかんづめを又ながめ
救われたと信じても　煙草の煙が教えてる
休みの国はまだ遠い　静けさなんてないんだと
まだ聞こえてる遠い追放の歌

ヒット曲ではありませんでした。世間は七つの子が高い声で切なげに歌う『黒ネコのタンゴ』、ドスの利いた声で青春を嘆く『圭子の夢は夜ひらく』などで、この唄はほんの一部のフォークソング愛好の若者たちが聞いていたキャンパスの愛唱歌でした。著者の菊地さん、よく見つけたものです。

この唄を聞いて胸に横切った思いをありありと思い出せます。若者たちの「反抗と旅立ち」

の熱がゆっくりと日本中の学園に広がり一部左派の学生たちが、「敗北と自由」の昭和を否定する闘いを続ける70年。この唄は私たちの「反抗と旅立ち」が無惨な失敗に終わることを、まるで予見しているように聞こえたのです。〝からの水筒もこんなに重い〟〝あけてしまったかんづめを又ながめ〟とはまるで敗北し、逃げて行く戦士の姿です。

しかも昨日まで歌っていた裏切り者への〝追放のあの歌〟は〝俺の背中にこだまする〟歌になって、〝俺〟を追放するのです。

これはまるで世界同時革命を夢見たよど号の赤軍派、パレスチナへ旅立った重信房子ら、京浜安保の永田洋子ら、そして浅間山荘に立て籠り、銃撃戦まで繰り広げた連合赤軍の反抗の結末が浮かぶのです。日本中の耳目を集め、テレビ中継されたあの惨めな捕縛の姿を見たのは二年後。私がまっさきに思い出したのはこの『追放の唄』でした。

菊地さんの「反抗と旅立ち」の章を借りて、丁度、そこを通り過ぎた自分のことを思い出してしまいました。

ご免なさい、菊地さん。なんだか軒先を借りて勝手に理屈を並べているようで。

でもこの人の戦後昭和史を語る時のわずか一行の歌詞がその時代を言い当てるという理説には全く同感です。

戦後昭和は天皇を「敗北と平和」の象徴にすることで幕を開け、戦災孤児役の美空ひばりが

「右のポッケにゃ 夢がある 左のポッケにゃチューインガム」とわずか一行で戦後昭和を言い当てて、彼女自身が「敗北と平和」の象徴となり「歌謡界の女王」と呼ばれる座に就く。

ところが戦後が遠くなると敗者であり続ける日本の「平和」に欺瞞《ぎまん》を感じた戦後世代は「反抗と旅立ち」を始めた。その途上であった70年に、もう我らの「反抗と旅立ち」がすべて失敗するであろうことを言い当てた唄があったのです。

敵に投げつけた〝追放の歌〟は昨日まで仲間と共に歌った唄であった。それが今日、〝俺の背中にこだまする人々の〟歌になっている。〝俺〟が人々の敵になってしまう俺たちの「反抗と旅立ち」なのです。

『追放の歌』が言い当てた敗北の72年、私は仲間二人と一緒に故郷から東京へ家出するのです。私の「反抗と旅立ち」を始めるのです。何という愚かさでしょう。ですが、この失敗、しくじりの、私の「反抗と旅立ち」は後悔していません。

72年、秋、フォークシンガーをめざして東京へ旅立った私の愚かさから私の学びが始まっていたからです。学びはいつも失敗としくじりから始まるのでしょうね。人は通り過ぎてからしか通り過ぎた時代を語れないようです。

もう少し、戦後昭和を語る菊地さんの文章の軒先を借りて、そこを通り過ぎた私の昭和を綴りたいと思います。

ルージュと白

二十歳を過ぎた頃の私を振り返っています。

戦後昭和を歌謡界の女王や象徴的アイドルを辿り見つめ直す、菊地史彦さんの『「象徴」のいる国で』はなるほど時代の奥底に潜んだ本質を言い当てて見事です。この人の戦後昭和史論を読むと、その時代のそこを歩いていた自分を鮮やかに思い出すことが出来ます。

菊地さんは私が二十歳を過ぎたばかりの１９７０年の若者たちを「反抗と旅立ち」の熱に支配されていたと言う。御高説の通りです。あの頃、誰も彼もが旅立っておりました。

ジョン・レノンはビートルズから旅立ち、赤軍派は北朝鮮に旅立ち、三島由紀夫はあの世へ旅立った年です。菊地さんはすべての若者が（私たち軟派のノンポリを含めて）70年から「旅の適齢期」にある者はこぞって旅立ったという。赤軍や京浜安保共闘の反抗をめざす者たちから青春にいる若者たちは「遠くへゆきたい」「ディスカバージャパン」「アンノン族」の「私を見つける旅」として巡礼のように国内を周遊した。あの時代のキーワードは間違いなく「旅」でした。70年代の深層を言い当てた菊地さんの炯眼《けいがん》は見事です。

そして私も二年ばかり遅れて72年にフォークシンガーになるべく東京をめざして、故郷福岡から夜汽車に乗り込んだのです。一歩も二歩も遅れた旅立ちです。しかし、「旅」に遅れたことさえ気付かないほど私は愚かでした。愚かでなければ渡れない難所が人生にはあるのです。

その翌年、73年。私の「反抗と旅立ち」は失敗の気配が濃厚となり、フォークシンガーの座に留まることはどうやら無理のようで、息苦しい日が続きました。一年、全国を歌い歩いてもさっぱり芽が出ないのです。ジリジリと追い詰められていました。フォーク仲間からあれこれ励まされるものの、コレという一曲がないのです。私は愚かながらもこの時代のキーワードは「旅」と見つけていました。フォークソングとはそのキーワードを主旋律にして、聴く人を歌声に誘うことです。

唄を聞かせるのではない。歌わせる唄です。それが作れない。その焦りからとんでもない奇手を思い付くのです。望郷の念もあり、旅立ちを許してくれた母への詫びとして『母に捧げるバラード』という博多弁のモノローグソングを思い付くのです。唄の中身は私の状況そのままです。

夢を追いかけて旅立ったはいいが、どうやらその夢をしくじりそうな「ぼく」がいる。もう帰るべき故郷は母のところしかない。「ぼく」は「母」を懐かしく思い出す。そして母を讃える短い歌フレーズをはさむと、その「母」が登場する。「ぼくに人生を教えてくれたやさしいおふくろ」と歌い上げ、一転して不出来の息子を叱りつけるけたたましい「母」の登場です。母は叱る。兎に角、子供の頃からの「ぼく」の不出来を叱り続ける。そして……いつしかあの旅立つ夜の「母」と「ぼく」になり、その時「母」は時代がかった大仰な博多弁で「ぼく」を送り出すのです。よくもまあ、こんな複雑な構成を考え付いたものです。ただ唄を作っている時は複雑とも思わず、スルリと出来るものです。しかし唄というものはどんなに小さな唄でも時代が映り込むものです。「母」の激励の言葉の「輝く日本の星となって帰ってこい」とは新興の空手道達人の連載漫画にあった「輝く日本の星となれ」と、イスラエル、テルアビブ空港乱射事件で逮捕されたテロリストの呟き、「われわれ3人は、死んでオリオンの3つ星になろう」の、この二つから直感を受けて、詞に書き加えました。

この一曲はレコードにすると、たちまち世間の反応が立ち興り、わずか半年で、ぐんぐんヒットチャートを駆け登ったのです。私にとってそれは73年の昭和という時代に起こった奇跡でした。わずか一年で私たちは何とか日本中に名を知られる存在になりました。その時代、日本中のライブ会場の千人ほどの客席を満席にする力こそが一本立ち出来るシンガーソングライターの条件でした。私どもはたちまちその条件を満たし、この奇矯な唄で歌謡界のニッチ、隙間に座り込める筈でした。〝救われたと信じて〟〝休みの国〟に憩える筈でした。

その時期、確かに千人ほどの観客をライブ会場に集めました。しかし75年から私どもの観客動員は凋落《ちょうらく》。74年に出場したＮＨＫ紅白歌合戦はそれまで十年の人気を保つステータスと言われていましたが、それが全く通じない時代が来ていたのです。あの人気急降下は長い間謎でしたが、菊地さんの昭和論を読み、やっと解けました。

あの私どもの人気の急降下は昭和という時代の大きな潮目の端境期《はざかいき》に重なっていたのでしょう。

今頃になって判りました。私どもは「反抗と旅立ち」には間に合ったものの、その象徴の最後の年に滑り込んでいただけ。主題の「反抗と旅立ち」は終わっていたのでしょう。

わずかに幸運だったのは『母に捧げるバラード』は「反抗と旅立ち」にしくじった者たちの唄と誤解されて、同世代の少なくない支持を集め、食いつなぐ日々の支えになってくれたことです。それも一年間だけのこと。私どもへの追い風はピタリと止みました。そして風向きは逆風に転じ、次の象徴の時代が始まったのです。

菊地さんはそこからの時代の象徴を「ユーミン」と名指ししています。あれは76年秋のことか。

休みの国の『追放の歌』の通りです。

〝こんなに暗く長い道の真中で〟

〝あけてしまったかんづめを又ながめ〟

私は田舎の駅前の喫茶店で乗り換えの列車の時刻を待っていました。ここから更に遠く小さな町でフォークソングを歌う旅の途中。その時間潰しの小さな喫茶店に流れ続けるのが、すべてユーミンの唄声でした。

『ルージュの伝言』『中央フリーウェイ』……彼女の唄も列車か車に乗っています。しかし旅ではありません。故郷を出たさすらい人ではなく、都市郊外に住む若い娘の出来事を歌っています。

私どもが生きるフォークソングとは違う世界からの唄声でした。

今でもあの時の気持ちを正確に思い出せます。直感ですが彼女がもしトップに立てば、時代を席巻するニューウェーブとなり、我々フォークソングは駆逐されるかも知れないという予感です。そう〝俺の背中にこだまする〟〝追放のあの歌〟はユーミンのあの軽快でのびやかな歌声で私の背中にこだましたのです。

凄い才能の登場です。

この荒井由美は戦後昭和史の歌曲の中で彼女だけの歌詞世界を持つ稀人です。

たとえば『ルージュの伝言』。

歌詞世界は波風のたつ新婚家庭で夫が浮気をしているよう。

新妻は取り乱すことなく、洗面所の鏡に口紅で置き手紙の文章を残し、夫の母親、姑に言いつけるため汽車に飛び乗る物語。この所帯臭い若夫婦のもめごとが彼女の手にかかるとポップになる。置き手紙は「ルージュの伝言」、不実な夫は〝マイダーリン〟、隣町の姑は〝あの人のママ〟、汽車の窓の景色さえ、ドンドン遠ざかるのではない。〝Ding-Dong〟遠ざかってゆく。まるでアメリカのラブコメディーのワンシーンのようで、斬新な言葉遣いです。ユーミンの登場によって新しい歌詞時代が立ち興ります。すぐに小椋佳が「真っ白な陶磁器を 眺めてはあきもせず」と作詞、井上陽水が美しい旋律で作曲、『白い一日』という老成した叙情曲に仕立て、昭和の歌謡史に一線を画します。

彼らニューミュージックの台頭で「反抗と旅立ち」の時代の幕は下ろされ、「ルージュと白」を象徴とするニューミュージックの波が歌謡界に打ち寄せるのです。

少し言い訳です。菊地さんの『「象徴」のいる国で』の論旨を辿りつつ、その論旨の軒先を借りて、その頃の自分を思い出しています。「ルージュと白」などは私の持論で菊地さんの言ではありません。菊地さんの論旨は、美空ひばりの系譜に続く象徴にユーミンを指名したことです。圧巻の論旨です。その論旨の意味と面白さに興奮して、自分の思うことを綴ってしまいました。菊地さんは『ルージュの伝言』で登場したこの新しい象徴についてこの後、深く探索しておられます。が、ここからは離れます。

私の「反抗と旅立ち」は大きな昭和史の中での小さな出来事で、でも小さくてもそれはちゃんと昭和史を背景にしていた出来事だったと思い知るのです。やっと自分の歩いた道の意味が解けました。

菊地さんはこの著作の締めくくりにこんなあとがきを残されています。『「象徴」のいる国で』419頁の文章です。

人生のたいていの出来事は、終わってみないとその意味合いが分からない。しかも相当の年月が経って、ようやく輪郭が浮き上がってくることもある。数十年の年月を経て、ある一瞬やある一言の意味が霧の晴れ間からふいに姿を現し、慄然とすることがある。出来事の別の可能性が見えたような気がするからだ。

誠に見事な指摘です。この思いは誰の胸の内にもある、人生への問い、疑問です。炯眼、練達の氏の指摘通り、どうしても意味の分からない出来事がこれまでの人生には点々と印されています。それが、菊地さんの俯瞰の昭和史を読むうちに、五十年の時を経て振り返る時、蟻の小ささで自分が見えて来るのです。そしてやっと出来事の意味が判って来たのです。

ヒット曲をとばしながら、もう翌年には不人気に沈んでいた私のフォークソング。あの失敗としくじりの意味はフォークソングのブーム、そのものの終焉でした。私どもの出番の幕は下り、客席の観客はニューミュージックのステージへ殺到してゆく。私どもの滑稽さは、緞帳《どんちょう》は下りているのに、その幕内でまだ歌い続けたことです。なんだか我が身のことながら哀れですが、この愚かさが次の出来事を呼び寄せるのです。

菊地さんの『「象徴」のいる国で』の軒先をお借りしての昭和歌謡史論でした。彼の著作をお薦めしながら、ここから下りた幕の内側で歌い続けていた「私」を綴ります。

数十年が経って、やっと判って来た出来事の意味で失敗としくじりが、私の愚かさが、呼び寄せた不思議な幸運の出来事を綴ります。

幸福《しあわせ》の黄色いハンカチ

時は1970年代の半ば過ぎ。私どもは引き潮に取り残された雑魚のように干潟に跳ねておりました。

フォークソングブームは遠く去り、大波がこの浜に打ち寄せることはないでしょう。私どもは時代に捨てられました。ニューミュージックの「ルージュと白」が本流を奔《はし》り、干潟の水溜まりで私はそれでも細々とフォークソングを歌っていました。

一途でも頑固でもなく、私どもには看板を書き換える才能が全くなかったのです。私どもにあった生存術はフォークソングと故郷は博多というキャラのみ。とてもとても稼ぎの道具にはなりません。ところが、この在庫のふたつが私に生き延びるチャンスを与えてくれたから人生は生きてみないと判りません。

突然、映画界から出演の要請が私に舞い込んだのです。77年新年が明けたばかりの冬、松竹映画の山田洋次監督作品『幸福《しあわせ》の黄色いハンカチ』からの指名でした。私が何故、これほどの大作に、これほどの大物と共演出来たのか全く判りません。その時、二十七歳の私はあまりの幸運の大きさに茫然自失とし、次に生まれて初めて演技する仕事が始まり無我夢中の「学び」に身も心も砕いておりました。

映画のストーリーはニューヨークポストに掲載されたピート・ハミルの記事から生まれたフォークソング、ドーンのヒットソングで『幸せの黄色いリボン』です。アメリカの田舎町で起こった小さな出来事を歌っています。

刑務所帰りの男が妻の待つ家へ帰るバスの旅。そのバスに同乗した若者にそっと告白します。「刑期を終えて、妻のところへゆく。彼女がもし私を許してくれるなら、庭の樫の木に黄色いリボンを結んでくれと手紙を書いた。リボンがなければ、私はバスを降りずにそのまま去る」と。その男の賭けを聞いて、若者はバス停近くのその家を見て教えてあげます、と申し出るのです。やがてバスはその家の前へ……樫の木には百以上の黄色いリボンが結んであった。男は若者へ「さあ家へ帰ろう」と呟いてバスを降りてゆく。

この歌詞が映画の物語に脚色され、春にロケ撮影スタートでした。若者は桃井かおりと、私。

刑期を終えて帰る男が高倉健さん。リボンを結んで待つ妻は倍賞千恵子さんです。歌謡界の干潟で跳ねていた雑魚が手で掬《すく》われて、別の海へポシャンと移されたと思って下さい。私は新しい海で際疾く生き残ることに必死でした。何故、新しい海に移されたのか考える暇はありませんでした。

山田監督は心理の洞察が深く、その解釈の肌理《きめ》が繊細で二十七歳の若さにいるボンクラの私で解けるような人物ではありません。私は必死でこの人の演出に仕えていました。その必死を共演の桃井かおりに「犬みたい」と評されたことがあります。

それはマイカーが桃井の運転で北海道の牧場を暴走するというシーンでした。「ストップ、ストップ」と叫びながら赤い車を追う私ですが、高みのカメラ位置から演出なさっていた監督が本番中、何かひとつハプニングが欲しくなられたのでしょう。メガホンで「こけろ」と叫ばれた。

その刹那、私は高々と宙を飛んでこけておりました。

それがまるで、飼い主が投げたフリスビーを飛んで咥《くわ》えた小型犬に見えたのでしょう。（私は憶えておりませんが）この感性の女優は痛いことを言います。でもこの高位の人に犬の如く私は仕えておりました。必死でした。

そんなロケ撮影の日々、生涯忘れない仰天の出来事が起こりました。陸別という小さな町の駅前食堂でのシーンです。その店内で三人で昼食をとるシーン。持ち込みの茹で蟹を食べながら、私は旅先で知り合った娘アケミに面白おかしくご機嫌を取るシーンでした。

ライトや音声の準備の進む中、私は必死にセリフをなぞっておりました。無論、セリフは入っています。しかし、一語も間違ってはならず、その上、今思い付いて話しているような演技に仕立てるべく、台本を睨んでくり返しておりました。

すると私の背から赤鉛筆を握った腕が入ってきて、数行の私のセリフに大きく×《バツ》を引いたのです。赤鉛筆は山田監督でした。脚本は監督の手によるものですから、自らの台本に不出来の赤を入れられた。私はただびっくりしておりました。監督は私を見ず、苦しげに「ここ、うまくいかないんだよ」と告白なさいました。

そして、とんでもない提案をなさった。

「君ならどうする」

なんと私にその数行のセリフの代案を相談されたのです。

堂々たる映画人の山田監督が、このシーンを軽やかに生き生きと仕立てるために、まだ映画撮影を体験して一週間の新人にセリフを委ねておられる。

私の愚かで横着なところは、「私なら」とすぐに応じたところです。私はその頁のセリフを私のことにしました。博多の街でケンカと校則違反に明け暮れた高校時代。ケンカに強くなるために始めた柔道。ところが余りに熱心であったため、すっかり足が短くなった嘆き、皿の上にある蟹の足を持ち上げて「こんなになっちゃった」と嘆いてみせて、同行の娘アケミを笑わせるのです。監督は私のアドリブを楽しそうに聞いて見て、少し言葉の整理をして、すぐに本番でした。

私の演技中、カメラの横で見つめておられた山田監督が思わず吹き出して、「カット」。もう一度で、「テイク2」。これはうまくいって、店内に響き渡る、監督の「はい！ＯＫ」。嬉しかったなあ。スタッフ一同に手応えを感じる笑みがあり、私に期待する視線を私は熱く感じておりました。

健さんは次のカットにゆく準備の騒ぎの中で、私を指で突いて「監督、お前しか見てないよ」とヤキモチをボソリ。勿論、おふざけです。桃井は私をきつく睨んで、「アンタ、油断出来ないわ」とライバル心をむき出しにします。

この出来事から私はしばしば「君ならどうする」と相談をくり返され、その都度、詰まることなく「私なら」と私を披露しました。勿論、出来ない演技については徹底的にくり返し、指導と演出を受けました。

旅の途中で、私が腹を下し、ティッシュの箱をかかえて野辺に屈むというシーン。私は蟹を食べ過ぎて、下痢をしているわけです。

さあ、ここのシーン、何度くり返したことか。

尻を押さえて、もらさぬようにヨチヨチと走るのですが、監督からの檄《げき》は「ちがう」です。足腰が抜けるほど懸命にくり返すのですが、ＯＫが出ません。汗まみれで胸で息をしている時、監督の声が降って来ました。

「確かにおかしなシーンだ。でも君にとっては泣きたいぐらい恥ずかしい。君は泣きながら走る。だから、お客さんは笑うんだ。いいかい、喜劇は泣きながら演じるから、笑いがとれるんだ」

未だに忘れない山田監督の言葉です。ウケを狙ってボケようとするとても嫌らしい力みが私にあったのでしょう、そこを鋭く厳しく指摘なさったのです。忘れ得ぬ演出の弁はいくつもあります。その度、本当に犬のように仕えました。それでも私にはしばしば「君ならどうする」の特典を与えて下さりました。

そもそも、何故突然、私は山田洋次作品に呼ばれたのか。あの時、私はニューミュージックの波に取り残された二流から三流あたりのフォークシンガーでしかありませんでした。そんな私を高倉健という日本を代表する主演俳優の脇に何故、置いたのでしょうか。演技経験の全くない素人で『母に捧げるバラード』というヒット曲がひとつあるだけの垢抜けないフォークシンガーです。私は私の幸運の意味が判らず生きておりました。

菊地さんの言葉通りです。『「象徴」のいる国で』４１９頁、あとがきの言葉です。

数十年の月日を経て、ある一瞬やある一言の意味が霧の晴れ間からふいに姿を現し、慄然とすることがある。

そんな一瞬が私に訪れました。『幸福の黄色いハンカチ』は大ヒット、くり返し上映され、健さんの代表作となり、今もＢＳ名画劇場などで、二十七の私を七十過ぎの私が見ておりますから。

この作品が月日の向方《むこう》に遠くなるほど、何やら（あれっ）と思うカットを見つけました。引っかかったのは、山田監督らしからぬ車の走りのカットです。ロードムービーという車で旅をする物語ですから車の走りカットは全篇にちりばめられていますが、そのカットはタイヤとアスファルト道しか映っていないモノ撮りカットです。情感の語り手である山田監督にしては珍しく、ただのモノ撮り描写がクライマックスへ流れ込む展開のすき間に差し込まれています。若者ふたりと男を乗せた赤い車が夕張へ向かって走り、黄色いハンカチがあるか否か、確かめにゆこうと決意したところで、不意にアスファルト道と前輪の駆動が大写しになります。音楽も三人の不安と期待を伝えるように大きく波打つ旋律で緊張します。そのカットが三人の表情と交互にくり返されますが、いささか執拗《しつよう》です。季節感も情感もない、ボコボコとした北の国道と回転する汚れたタイヤのアップカットです。決して気になるほどのカットではありません。数秒で過ぎてゆくカットですから。でも、引っかかると気になるカットです。

で、ある日のこと偶然放送されているこの映画を見ておりました。もう何十回目か、四十年も前の私の仕事です。懐かしく見ておりました。で、またこのシーン、このカットを見ている時、この日に限って、そのカットに全く別のモノを見つけたのです。否、見つけたわけではなく、それに気付いたのです。

デコボコのアスファルト道と回転する汚れたタイヤの横、スクリーン中央にうねうねと動く追い越し禁止の黄色い実線です。

このカットの焦点は実はこの黄色い実線ではないか。

つまり、黄色に向かって走っている、三人の行動を物語は予祝《よしゅく》、ハッピーエンドを予感させるカットとして差し挟まれていると思ったのです。

霧の晴れ間から、山田監督の深謀遠慮が垣間見えて、慄然としました。

この『幸福の黄色いハンカチ』は実に密やかに「黄色」を予祝として全篇に潜ませてあるのです。このカットの謎が解けたところから、気付きました。劇中の車は何故「赤」であったか。

私の衣裳は白いジャンパーに緑のジーンズ、桃井は赤・白・ピンクのセーター、健さんは革ジャンにベージュの綿パン。「黄色」がない。意図的です。トップシーンから徹底して「黄色」が排除してあります。この話に興味のある方、よーく映画を辿って下さい。「黄色」がスクリーンに混じらないように、映画は進みます。そして密かに意図的に、健さん演じる勇作がふと夕張に住む妻を思う回想シーンだけに風にひるがえる交通安全の黄色い旗や、勇作の手にたんぽぽの黄色い花が摘まれて、在るのです。

「黄色」はテーマです。「黄色」は勇作の愛する妻を象徴し、物語はその「黄色」にゆっくりと帰ってゆくのです。あの車の走りのカットはそのために差し挟まれて、スクリーン中央の追い越し禁止の「黄色」い実線を映すことで、勇作がその「黄色」に近付いていることを観客の無意識に伝えているのです。

この点描でラスト、画面一杯に何十何百の黄色いハンカチが青空にひるがえると、待ち続けた妻の思いが観客の胸にも鮮やかにひるがえるわけです。物語を波打たせてやみくもに観客をハラハラさせない。観客の胸にも「黄色」をひるがえすために、「黄色」をそっと点描として忍ばせて繋ぎ、ラストでその色をスクリーンに溢れさせる。

ひと色として無駄にせぬ映画の巧匠、山田監督です。

このひとつの謎が解けたことから、何故私がこの映画に招かれたか、何故私には「君ならどうする」と自らの脚本に×印を引いて、私の言葉で語ることを許されたのかがわかりました。ひとつは私がフォークシンガーであったこと。そう、この映画の原案は『幸せの黄色いリボン』というフォークソングです。

山田監督はフォークソングという基調を貫くために、まだフォークソングにいる残り者の私を見つけて下さった。「反抗と旅立ち」に憧れる垢抜けない若者がよかったのでしょう。

そして、「用意された言葉」ではなく、即興のライブステージのような「勢い口の言葉」をセリフにしたシーンを作ろうとなさった。都合がよかったのは高倉健さんと私は福岡県で同郷です。健さんは筑豊で、私は峠を挟んで隣町の博多。きっとふたりに故郷の言葉で語り合うシーンを演じさせたかったのでしょう。確かに映画の中に、健さんは筑豊訛りで男たるべきものの、愛を貫く純情を私に説くシーンがありました。

それにしても、私が言うのも変ですが、私の起用は大変危険なものだったでしょう。私はその後時を経て、山田監督にこの謎を問うたことがあります。短い手紙で返事を下さり、そのあたりの事情には全く触れてありませんでしたが、「元気でやっていますか」と近況を尋ねられ、「撮影の日々が楽しかった」と感慨深げに振り返る文面でした。ただ締め括りの一文に、私の起用について「ぼくは賭けに勝ったね」とありました。嬉しい限りの一語です。

二十七歳の私を七十歳を過ぎた私が振り返っております。決して「賭けに勝った」ことを自慢に綴っているのではありません。もう五十年にもなる77年の出来事の意味が今頃になって私の意味を教えてくれているような気がするのです。

押し寄せるニューミュージックの激流の大渦の中で、私を助けてくれた救命胴衣は「フォークソング」と「故郷・博多」でありました。

「ルージュと白」のシンガーソングライターたちが席巻して日本の歌謡界に新しい潮流が流れ込む70年代末、私は「黄色」に救われて、際疾くそこを生き残ったのです。恐らく私を救ってくれたのは、「フォークソング」と「故郷・博多」に違いなく、私の意味はこの二つにしかないように思うのです。私の始まりは博多の街で得た二人の音楽仲間。彼らと初めて歌った唄は、映画『昭和残侠伝　唐獅子牡丹』の主題歌をパロディーにした『大学ボタン』で、ボタンに引っかけただけの稚拙なコミックソングでした。

その程度のアマチュアフォークの若僧が七年後には、その映画の主役で、その主題歌を歌っていたその人と共演しているのです。

そして三人でハーモニーを鍛えようとくり返し歌った映画『小さな恋のメロディ』のラストソング、クロスビー・スティルス・ナッシュ&ヤングの『Teach Your Children』。そのタイトルの通りに私は、その唄から九年後、荒川の畔の桜中学3年B組の「金八先生」を演じることなるのです。それが79年の秋のこと。私はその70年代を二十の時に歌った二つの唄に導かれて生きて来たような気がするのです。

そのことに今頃になって気付いているわけで、出来事の意味とはこれほどの年月が経たねば判らぬものなのです。そして、この出来事の意味が教えてくれるのが「フォークソング」と「故郷・博多」を生涯かけて握りしめておれ、という私への命題です。ここからもこの覚悟で生き抜くつもり。

70年代という時代の中の私を綴ってみました。あの二つの唄からはるばるとここまで歩いて来ましたが、未だにラッキーカラーは「黄色」、ラッキーナンバーは「八」ということにしております。忘れ難き70年代であります。

あとがき

普段の出来事を書き綴るつもりでした。その普段の出来事から思いを巡らし、ちょっとした発見や新しい気付きを後生《こうせい》の人たちに伝えられたら、と書き出したのですが、出来上がりはこうなりました。読み返すと理屈っぽい文章ばかりでまことに恐縮、すみません。

でもこれが私の老いの柄《がら》。生きて来た月日で織り上げた私という人柄、個性というやつなのでしょう。

何かの弾みで人生の見え方がガラリと変わる瞬間があります。

読んでいた本を読了。顔を上げた瞬間に見渡す世界の色が変わっていたこと。仕事の現場で出会ったその人の、芸能を生きる覚悟を目撃し、生涯忘れまいと心に刻んだその表情。ずっと後悔していたしくじりをもう一度振り返ると、それが実は全く新しい意味を伝えていること。今までそれが真理だと思っていたことが、ただの迷いと喝破された武道修業の極意、等々です。

そのガラリを解いて、サラリと綴るつもりがややこしいエッセイになってごめんなさい。読んで下さる方を教え子と想定したものですから遠慮なく詰め込みました。

そう、私には「先生」と未だに呼んでくれる教え子たちがおりまして、勿論遠い昔のテレビドラマの役柄でのこと。しかしそう呼び合っていた撮影現場の呼び名が今以て習慣となり、我ら再会の折にそう呼び合うのです。

初めて会った時、私は三十歳の青年教師を演じ、共演の生徒役は十五歳の少年少女でした。あの月日から歳月は流れて、移り、その教え子たちが次々と還暦を迎える年回りになります。彼らがこれから登ってゆく老いの坂を私は十五年も前に過ぎました。ここから人生の景色はガラリと変わります。その老いの坂がどんな勾配なのか、いかな細道なのか、どんな景色が拡がるのか、サラリと書ければよいのですが、でもそれは私の柄ではありません。私は私の柄に従い、ひたすら理屈を立ててみました。

その理屈とは、私たちは何故老いてゆくのか。

ただ消耗の果てに老いたのではないと仮定してみたのです。老いてゆくことに意味がある。私たちは老いの坂を登らねば気付けない何事かのために老いをめざしていると思うのです。

老いについて、深々と考えさせられる民話に「笠地蔵」があります。

雪深い田舎の村のはずれに、貧しいおじいさんとおばあさんが住んでいました。

大晦日の朝、そのおじいさんが町まで笠を売りに出掛けます。手作りの笠を売って、餅でも買って帰り、明日の正月を少しでも晴れやかに迎えたいとの願いからです。約《つま》しい願いです。よく晴れたその朝。おばあさんの見送りを受けて、元気いっぱい町へゆくおじいさんです。

ところが人でいっぱいの大晦日の市に立って売り歩いても、笠はひとつも売れません。声を嗄《から》して、くたびれ果てたおじいさん。冬の陽はたちまち暮れて、売れなかった笠を背負って帰るおじいさんです。なんとも無情に雪が降り始め、あたりを白一色に包んでゆきます。来た道を帰るおじいさんですが、降り始めた雪空の下、野末に置かれたお地蔵さまを見つけます。降る雪に身を沈め、雪の綿帽子に埋もれかかった石のお地蔵さま。おじいさんはその姿が痛ましかったのでしょう。売りものの笠をこの六体のお地蔵さまに寄進するのです。笠は五つしかなく、六番目のいちばん小さなお地蔵さまには首に巻いていた手拭で頰《ほ》っ被《かむ》りにしてあげたとか、自分の笠を進呈したという筋もあります。

兎に角、笠は売れず、餅も買えず、何ひとつうまくゆかなかったおじいさんの大晦日です。ただ家に帰り着き、その顚末《てんまつ》を話すとおばあさんは「それは良いことをなさった」と同意してくれるのです。

このおじいさんとおばあさんの善意に奇跡が用意されます。

除夜の鐘が鳴り響く年越しの夜。吹き荒れた雪は止み、月明かりの下、見渡す限りの景色を銀の綿が包む静けさの中、村はずれのその一軒家をめざす六体のお地蔵さまがいます。笠をかぶり、小さなお地蔵さまは頬っ被りをしてそれぞれに米俵を担ぎ、餅を抱えて、新年を言祝《ことほ》ぐため、おじいさんとおばあさんのもとを訪れるのです。

戸口の前に積まれてゆく米俵や餅を重ねる物音に跳ね起きたおじいさんとおばあさんが六地蔵の返礼に合掌するところで物語は終わります。

仏教報徳の説話といえばただそれだけの物語ですが、年をとり、読み返すうちに秘められた含意をいくつも見つけて拾うことになりました。

先ずおじいさんは笠を売りにゆく道ではお地蔵さまに気付いていません。ゆく道に六地蔵はあったでしょうが、おじいさんには追分道の目印、お地蔵さまは風景でした。

ところが笠が売れず吹雪になった帰り道で、雪に埋もれてゆくお地蔵さまを見つけて、おじいさんは売れなかった笠の意味を変えるのです。餅を買うための利得の手段であった笠をおじいさんは信仰のための贈与に変えて、石のお地蔵さまに笠を寄進したのです。ゆく道では餅を求めていたおじいさんは、帰り道では雪の六地蔵を労るために笠を捧げたのです。

笠が売れなかったというしくじりと吹雪の空模様、その不幸がお地蔵さまに気付かせて、おじいさんは幸せの意味をガラリと変えたのです。私はこの民話に沿えば帰り道のおじいさんの年回りを生きております。売れなかった笠を持ち、ヒラヒラと雪が降り始めた夕暮れ空の下、老いの坂を登っております。どうやら吹雪になる空模様です。

さあ、ここからの帰り道を難儀とは思いますまいぞ。これは雪の野辺にお地蔵さまを見つける花道と信じたい。雪まじりの向かい風に進む力を借りて、お地蔵さまに辿り着きたい。啓発の書物の文章を訪ね、出会った人たちの思い出を巡り、武道修業へも通う、私はそんな帰り道のおじいさんでありたい。

さあどうだったでしょう。これから「老い」に向かう君たちに少しは役立つ授業が出来たかなぁ。

向かい風に進む力を借りなさい、ともう一度くり返して、この授業の締め括りとします。

では、起立、礼。

「本を書いてみませんか」とお誘い下さいました、ビジネス社の唐津隆様、色々とアイデアを考えてくれた近藤碧様、そして合気道場・天道館の諸先輩に感謝しつつ、後生の君たち、団塊の同級生たち、お読み下さった皆様へ、これからの旅路の幸多からんことを祈りつつ、筆をおきます。

２０２３年６月

武田鉄矢

<著者略歴>

武田鉄矢（たけだ・てつや）

1949年福岡県生まれ。歌手、俳優。1972年に「海援隊」のボーカルとしてデビュー、「母に捧げるバラード」、「贈る言葉」などヒット曲を多数生む。1977年、映画「幸福の黄色いハンカチ」で日本アカデミー賞最優秀助演男優賞を受賞。1979年開始のドラマ「3年B組金八先生」（ＴＢＳ系列）は30年を超える人気シリーズとなった。「太平記」、「101回目のプロポーズ」、「龍馬伝」（勝海舟役）、「水戸黄門」など出演ドラマ多数。現在、「武田鉄矢の昭和は輝いていた」（ＢＳテレ東）、「ワイドナショー」（フジテレビ系列）に出演中。1994年よりパーソナリティを務める文化放送「武田鉄矢・今朝の三枚おろし」は、自ら選び読んだ本をテーマに語る長寿番組。

『アラ還とは面白きことと見つけたり』（小学館文庫）、『人間力を高める読書法』（プレジデント社）、『老いと学びの極意　団塊世代の人生ノート』（文春新書）など著書多数。

JASRAC 出 2302887-301

撮影協力：天道流合気道 天道館 道場長　清水健太

向かい風に進む力を借りなさい

2023年7月12日　　第1刷発行

2023年9月1日　　第2刷発行

著　者　武田鉄矢

発行者　唐津 隆

発行所　株式会社ビジネス社

〒162-0805　東京都新宿区矢来町114番地 神楽坂高橋ビル5F

電話　03(5227)1602　FAX　03(5227)1603

https://www.business-sha.co.jp

〈装幀〉町口 景

〈カバー写真〉高木陽春

〈撮影ヘアメイク〉川岸みさこ

〈イラスト〉植本 勇

〈本文組版〉マジカル・アイランド

〈印刷・製本〉中央精版印刷株式会社

〈営業担当〉山口健志

〈編集担当〉近藤 碧

ISBN978-4-8284-2536-8